LAS NUEVAS TECNOLOGIAS COMO ELEMENTO LIMITANTE DEL ACCESO A LA ADMINISTRACIÓN DE JUSTICIA

Bogotá D.C. 2023

Tabla de Contenido

Contenido

Resumen

Abstract

Introducción

Las Nuevas Tecnologías Como Elemento Vulnerador Del Derecho De Acceso A La Administración de Justicia

Capítulo I

  Justicia

  Justicia Como Principio Material

  Tratamiento Procesal

    Época Colonial.

    Siglo XX.

    Actualidad.

  Tecnologías de la Información y la Comunicación

  Acceso a la Justicia Como Derecho Humano Fundamental

Capítulo II

  Bases para el Acceso a la Administración de Justicia

    El Derecho Sustancial y su Prevalencia.

    El Derecho Formal.

    El Derecho de Acción.

    Conceptos nacionales e internacionales

    La acción y La Contradicción.

    La acción y La Pretensión

    La Acción Frente a la Jurisdicción y El Proceso

    La tutela como protección al acceso a la justicia

Conclusiones

Bibliografía

RESUMEN

El presente trabajo, trata de establecer las bases sobre lo que es el acceso a la administración de justicia, comenzando por su definición desde un punto histórico, jurisprudencial y doctrinal; pasando por las definiciones que traen los grandes libros religiosos, las que han expuesto personajes de relevancia internacional para el derecho, la filosofía y la dogmática legalista y las grandes cortes, tanto a nivel nacional como a nivel internacional, para puntualizar en un análisis de su manejo procesal a través del análisis de las diferentes etapas históricas en el mundo y, en especial, en Colombia; y, así finalizar con el planteamiento de su panorama actual, las implicaciones de la digitalización de la justicia y las consecuencias que ha traído consigo la implementación de la virtualidad en el derecho.

Palabras clave (En cursiva): Acceso a la administración de justicia, procesal, virtualidad.

ABSTRACT

This paper seeks to establish the basis of what access to the administration of justice is, starting with its definition from a historical, jurisprudential and doctrinal point of view; going through the definitions provided by the great religious books, those that have exposed characters of international relevance for law, philosophy and legalistic dogmatics and the great courts, both nationally and internationally, to punctuate in an analysis of its procedural management through the analysis of the different historical stages in the world and, especially, in Colombia; And, thus, to conclude with the approach of its current panorama, the implications of the digitalization of justice and the consequences that the implementation of virtuality in law has brought with it.

Keywords (En cursiva). Access to the administration of justice, procedural, virtuality.

INTRODUCCIÓN

La Justicia, entendida como principio ético, que contiene en su definición conceptos como la equidad, la imparcialidad y la rectitud en la aplicación de normas y leyes, debe ser entendida como elemento fundante de toda sociedad, pues siempre debe procurar que cada individuo reciba los que necesita, según un análisis concienzudo de su situación particular, sin atenerse a ningún tipo de miramiento adicional que implique el análisis de raza, religión, género, etc. En este sentido, garantizar el acceso a una justicia, debe ser consecuente con la naturaleza de dicho principio, y convertirse en un imperativo iusnatural que beneficie a los individuos de cada Estado, otorgándole a cada miembro de la sociedad uno las herramientas indispensables para el desarrollo de su vida de forma pacífica y de acuerdo con su proyecto de vida.

Bajo este entendido, a través de diferentes etapas históricas, las múltiples sociedades han tratado de garantizar el derecho de las personas a acceder a la justicia de forma equitativa, según las necesidades y posibilidades de cada individuo, con sobresaltos y errores, pero siempre tratando de garantizar a cada individuo el desarrollo de su individualidad, dentro del contexto histórico correspondiente, es así como, en el presente escrito se estudian diferentes épocas del desarrollo del acceso a la administración de justicia, pasando por la época colonial, analizando la actualidad de dicha prerrogativa.

Evidenciando entonces, que el derecho de acceso a la administración de justicia es entendido como un derecho fundamental y que comporta una serie de características que lo individualizan y lo hacen un derecho indispensable para cada sociedad; en tal virtud, analizaré el derecho sustancial y su prevalencia, como característica relevante de la importancia del derecho sustancial sobre cualquier exigencia de tipo procesal; el derecho formal, entendido como elemento indispensable, para la materialización del derecho de acceso a la administración de justicia; y, el derecho de acción como la materialización del acceso a la administración de justicia (estudiando el derecho de contradicción, la pretensión, el derecho de acción frente a la jurisdicción y al proceso y la tutela como herramienta protectora del acceso a la administración de justicia).

Para finalizar, analizaré cómo ha influido la virtualización de la justicia, respecto al acceso a la administración de justicia, para determinar si, en Colombia, efectivamente es un elemento garante de dicha prerrogativa o, por el contrario, se ha convertido en un elemento que vulnera y desconoce el derecho de acceso a la administración de justicia.

LAS NUEVAS TECNOLOGÍAS COMO ELEMENTO VULNERADOR DEL DERECHO DE ACCESO A LA ADMINISTRACIÓN DE JUSTICIA

Con la llegada de la pandemia generada por el COVID-19, las sociedades a nivel mundial se vieron obligadas a adoptar, de forma imperativa, nuevas formas de desarrollar sus actividades cotidianas, es así como, entre otros, la educación, el trabajo, la salud y la justicia, tuvieron que trasladar su ejecución a escenarios remotos que pretendían eximir a las personas de la presencialidad.

Colombia no fue ajena a dicha situación y la prestación de servicios indispensables, se tuvo que desarrollar en escenarios de virtualidad, afectando de forma significativa la cobertura y el acceso de los principales servicios públicos.

En el sector de educación, aunque hubo más matriculados para el 2021, las cifras presentadas por el DANE en el Censo de Educación Formal (CEDU), permiten evidenciar que dichas cifras no se comparan con las de la prepandemia. En cuanto al sector de la salud y la "telemedicina", según las cifras presentadas por el Ministerio de Salud y Protección Social, se puede evidenciar que la cobertura ha mejorado y que se han logrado más "teleconsultas".

En este sentido, el acceso de los colombianos a internet resulta un elemento relevante y diferenciador respecto de la prestación real y efectiva de dichos servicios, pues se podría estar presentado un elemento discriminante respecto de la funcionabilidad del Estado como prestador de los derechos fundamentales de los colombianos.

Estos informes, podrían ser el resultado de un pequeño grupo de personas que tiene acceso real a internet de calidad. En Colombia, según cifras de la Comisión de Regulación de Comunicaciones, el acceso a internet durante el 2021 mejoró en materia de acceso, penetración y calidad. Para diciembre del 2021, hubo un crecimiento de las conexiones móviles del 16,8% y del 7,6% para conexiones fijas, respecto del mismo mes de 2020. Sin embargo, para finales de 2021, 944 municipios contaban con acceso residencial de fibra óptica; no obstante, Colombia cuenta con cerca de 1123 municipio, lo que significa que hay un total de 179 municipios sin acceso a internet. Según el Ceso Nacional Poblacional y Vivienda de 2018, en Colombia la población era de cuarenta y ocho millones doscientos cincuenta y ocho mil cuatrocientos noventa y cuatro personas (48.258.494) lo que se traduciría, para efectos del presente documento, en que cerca de ocho millones (8.000.000) personas estarían viendo comprometidos sus derechos fundamentales, debido al no acceso residencial de fibra óptica o de un internet de calidad que les permita gozar de los beneficios que trae consigo la virtualidad.

JUSTIFICACIÓN

El Ministerio de Justicia en el 2017, con base en los fundamentos obtenidos en el Módulo de Necesidades Jurídicas de la Encuesta de Calidad de Vida para el 2016, diseñó un Índice de Acceso Efectivo a la Justicia, allí se midieron diferentes dimensiones que pueden influir en el acceso a la administración de justicia; en tal virtud, observó: (i) el ambiente favorable; (ii) el empoderamiento legal; (iii) asistencia legal; (iv) acceso a las instituciones; (v) procedimiento justo; (vi) capacidad de cumplimiento y, (vii) los Objetivos de Desarrollo Sostenible, dispuestos en la agenda para el desarrollo sostenible 2030.

Dicho informe, permitiría pensar que para el 2017 – 2019: (i) Colombia presentaba un índice de acceso a la justicia bajo, lo que indicaría que habían importantes barreras para el acceso efectivo a la justicia por parte de la población; (ii) La dimensión de accesibilidad es la que presenta mayores debilidades, lo que indicaría que habían importantes obstáculos en términos de acceso geográfico, económico y cultural a los servicios de justicia; (iii) La dimensión de calidad también presentaba debilidades significativas, lo que indicaría que los servicios de justicia no siempre cumplían con los estándares de calidad necesarios para garantizar una justicia efectiva; (iv) La dimensión de integridad presenta un desempeño moderado, lo que indicaría que aunque existían importantes desafíos en términos de corrupción y ética en la administración de justicia, se estaban realizando esfuerzos para mejorar la transparencia y la rendición de cuentas en este ámbito; (v) La dimensión de resolución de disputas es la que presentaba el mejor desempeño, lo que indicaría que en general se cuenta con mecanismos efectivos para la resolución de conflictos, aunque aún se podían realizar mejoras en términos de eficiencia y eficacia.

A pesar de que la virtualidad ha permitido la implementación de herramientas de notificación y gestión de procesos en línea, facilitando el acceso a la información y permitiendo un seguimiento más eficiente de los casos judiciales, la realización de audiencias y diligencias judiciales virtuales, lo cual reduce los costos de desplazamiento y aumenta la eficiencia de los procesos judiciales, también plantea algunos retos y desafíos que deben ser abordados. En particular, es necesario garantizar que la virtualidad no afecte negativamente los derechos fundamentales de las partes involucradas en los procesos judiciales, como el derecho a la defensa, el derecho a la intimidad y el derecho al debido proceso, de los casi ocho millones (8.000.000) de personas que hoy en día no tienen un internet de calidad, por lo que es importante garantizar que todas las personas tengan acceso a las herramientas y tecnologías necesarias para participar en los procesos judiciales de manera virtual.

CAPÍTULO I

Justicia

Para definir el concepto de justicia, podríamos empezar por realizar un análisis etimológico de la palabra. Justicia proviene del latín "iustitia", la cual se compone del término "ius", que significa derecho; pero también, deriva de "iustus", que traduce "justo". Por ende, el término justicia, en principio, hace referencia a lo que es justo (Diccionario de dudas. s.f.).

No obstante, la definición del término ha variado, dependiendo de las culturas y sociedades; incluso, hoy en día, dependiendo del contexto en el que se utilice y la retórica teorista con la que se identifique el interpelante, la definición de los fundamentos que dan origen a su acepción puede variar, por lo que se tiene que el término justicia, es un término polivalente y polisémico. Así, tenemos una multiplicidad de acepciones respecto del término de justicia. Por no tratarse de un tratado sobre lo que es la justicia, realizaré un breve repaso histórico por algunas de las acepciones más relevantes del concepto, hasta llegar a nuestros días.

En tal virtud, podríamos tomar como punto de partida, una definición trasversal de lo que es la justicia, según el concepto religioso. En La Biblia (2009), el término justicia se refiere a que Dios es justo y juzga con rectitud, también señala que los seres humanos tienen la responsabilidad de actuar con justicia en sus relaciones con lo demás, en Deuteronomios 16:20, se indica que actuar de forma justa, es un prerrequisito para obtener la protección divina: *"La justicia, la justicia seguirás, para que vivas y heredes la tierra que Jehová tu Dios te da"*, mientras que en Romanos

3:21-26, se habla de la justificación de todos a través de Jesucristo, se habla de que Dios es Justo y justifica a aquellos que creen en él[1]; en Proverbios 21:3, se habla de la importancia de la justicia para Dios: *"Hacer justicia y juicio es a Jehová más agradable que sacrificio"*. Tal como se aprecia, el concepto de justicia en La Biblia (2009) resulta de gran importancia y gira en torno a Dios, al punto de que se considera la justicia como el medio para obtener la vida eterna y que se antepone a cualquier forma de acción de Dios.

En el mismo sentido, en la Torá, Dios es justo y exige que las personas actúen como tal en sus relaciones con los demás. En el primer libro del Tanaj, establece múltiples normas que rigen las relaciones sociales, con la finalidad de propender por la justicia y la equidad (términos que dan lugar a la variación de la acepción de justicia e indican otros tipos de justicia – justicia social y justicia en equidad), al punto de que se establecen normas para la protección de los trabajadores[2], la responsabilidad por el hecho de los animales[3], sobre el trato a los pobres[4], entre otras. Asimismo, se señala la importancia del juez imparcial y equitativo en la toma de decisiones, al punto de que se fijan normas para su selección:

"[18]Jueces y oficiales pondrás en todas tus ciudades que Jehová tu Dios te dará en tus tribus, los cuales juzgarán al pueblo con justo juicio.[19] No tuerzas el derecho; no hagas acepción de personas, ni tomes soborno; porque el soborno ciega los ojos de los sabios, y pervierte las palabras de los justos.[20] La justicia, la justicia seguirás, para que vivas y heredes la tierra que Jehová tu Dios te da". Como se aprecia, para el judaísmo la justicia resulta relevante y se establece como mandato divino para que los seres humanos actúen con equidad y compasión.

Ahora, en derecho, podemos recurrir a la que, quizá, sea la locución más conocida *"Justitia est constans et perpetua voluntas suum unicuique tribuend"* (Dig. I, 1,10), utilizada por el jurisconsulto Domitius Ulpiano, la cual traduce: *"La justicia es una voluntad constante y perpetua de dar a cada uno lo que le corresponde"*, haciendo referencia a que la justicia obedece al hecho de cumplir con las normas y darle a cada uno lo que le corresponda, lo que permitiría estabilidad y bienestar general para la sociedad. Entonces, la justicia, se tenía como un principio rector de la sociedad, de una mancomunidad equitativa, que pretende darle cada persona, según la ley, lo que le pertenece.

Por otra parte, Santo Tomas de Aquino, en la Suma Teológica, definió a la Justicia en la locución: *"Habitus secundum quem aliquis constante et perpetua voluntatae jus suum unicuique tribuit"* (S.Th II,II, q. 58, a.1), la cual podría traducirse como el *"hábito por el cual alguien, con una voluntad constante y perpetua, da a cada uno su derecho"*, entendido como la idea de que la justicia puede ser un hábito que se desarrolla con la voluntad constante y perpetua, que nos lleva a reconocer y respetar los derechos de los demás de manera natural y espontanea, sin necesidad de esfuerzo alguno o reflexión constante (Castaño F., A. M. 2012).

Por su parte, Hans Kelsen (1953), en su libro ¿Qué es la Justicia?, reflexiona sobre el significado de justicia y cómo esta se relaciona con el derecho, señalando que obedece a una idea abstracta e idealizada, que solo se expresa a través del derecho y permite generar una idea de igualdad, pero que resulta inalcanzable por completo, pero que permite apoyar las decisiones de los jueces, legisladores y tribunales. Define la justicia como un fin, que solo se alcanza a través de un proceso justo y equitativo. Kelsen habla también de otro tipo de justicia, la distributiva, la cual hace referencia a la forma en la que se distribuyen los bienes y recursos de una sociedad, no es absoluta y debe ser analizada dentro del contexto de un sistema de valores determinados en una sociedad en particular.

Por su parte, John Rawls (1971), desarrolla una teoría de justicia, desde el concepto de justicia como equidad. Describe que la justicia debe ser el principio rector de cualquier sociedad, debe ser el objetivo de la política y la moralidad, pues en una sociedad justa, las instituciones y políticas deben beneficiar a las personas y debe estar soportada sobre la base de la igualdad, libertad y justicia. Propone también que, en una sociedad justa, la forma en la que se deben distribuir los recursos debe ser bajo un "velo de ignorancia", sin conocer la posición particular de cada persona, evitando así la desigualdad (justicia como principio material).

Rawls habla también del principio de igualdad básica de las libertades y el principio de diferencia, como principios de justicia: el primero señala que cada persona debe tener un conjunto de libertades básicas, que deben ser protegidas, tales como la libertad de pensamiento, de expresión, de asociación, de movimiento, y que deben ser iguales para todos los miembros de la sociedad, sin distinción de su posición económica. El segundo principio de justicia hace referencia a la justificación de las desigualdades, sostiene que la desigualdad es inevitable en una sociedad justa, pero que dicha desigualdad, debe estar diseñada, de tal manera que sea compatible con la igualdad básica de las libertades y deben representar un beneficio para los miembros más vulnerables de la sociedad.

En el mismo sentido, más adelante, Rawls (2001), sostiene que el valor fundamental de la sociedad es la justicia, por lo que sus principios deben ser entendidos como un acuerdo social justo y equitativo entre ciudadanos libres e iguales. Además, propone que, para asuntos internacionales, deben aplicarse los mismos principios que entre los individuos de una sociedad.

Amartya Sen (1993), sostiene que la idea de justicia no se limita a la distribución de recursos, se extiende a la capacidad de las personas para desarrollar sus capacidades y potenciales. Argumenta que la igualdad exige tener en consideración las diferencias en las capacidades y oportunidades de las personas, por lo que propone una teoría de justicia basada en la igualdad de oportunidades para desarrollar las capacidades. Sostiene también que la justicia, solo puede ser alcanzada fortaleciendo la libertad individual, por lo que resulta indispensable que las personas puedan elegir cómo desean vivir.

Martha Nussbaum (2016), reflexiona sobre la importancia de la justicia en la sociedad actual y propone un enfoque, basado en la capacidad humana para la empatía y la comprensión. Argumenta que la justicia debe ir más allá de la aplicación de normas y leyes y debe ser vista como una guía para las relaciones con los demás. Para Nussbaum, la justicia implica la capacidad de ponerse en el lugar del otro y reconocer la dependencia humana.

Señala y analiza diferentes formas de injusticia humana, tales como la discriminación; pero también señala que la educación y la cultura son herramientas poderosas para fomentar la empatía y compasión.

Para Dworkin (2011), la justicia es una cuestión de integridad y coherencia, que debe ser interpretada en conjunto con valores como la dignidad y la libertad. Sostiene que la justicia no es un conjunto de reglas o principios abstractos únicamente, pues debe interpretarse e integrarse con diferentes factores y circunstancias.

Couture, E. (2010) define la justicia de la siguiente manera:

"La justicia es la finalidad del derecho. Es dar a cada uno lo que le corresponde, en función de sus méritos, necesidades y circunstancias. La justicia es el equilibrio entre los derechos y deberes de las personas, y se logra a través de la igualdad, la imparcialidad, la objetividad y la equidad".

En el ámbito nacional, encontramos a Carlos Gaviria (2008), quien ha señalado que la justicia, como concepto fundamental, implica un equilibrio entre diferentes principios y valores, y debe ser entendida en términos de la igualdad y la dignidad humana. Según Gaviria, la justicia exige una distribución equitativa, tanto de recursos, como de oportunidades, y debe ser vista como un medio para promover la libertad y la igualdad. Debe comprender la realidad social y política en la que se pretenda aplicar y debe ser vista como un proceso continuo de lucha contra la desigualdad y la discriminación, que requiere la participación de la sociedad civil y la promoción continua de los derechos humanos.

La Corte Constitucional de Colombia, en múltiples ocasiones se ha pronunciado sobre el concepto de justicia, señalando que no se puede comprender solamente a la justicia como un sistema de sanciones y castigos, pues debe comprender una dimensión reparadora y restaurativa (Sentencia C-818, 2011); Pero también debe ser entendida en términos de los derechos humanos, y debe ser vista como un medio para proteger la dignidad y libertad de las personas (Sentencia T-760, 2008) y como un proceso continuo de construcción de la democracia y la igualdad, por lo tanto, debe ser vista como una herramienta para superar las desigualdades históricas y promover la inclusión social (Sentencia C-742, 2013).

En conclusión, tratando de agrupar tan importantes puntos de vista, podríamos definir la justicia como un principio ético que se refiere a la equidad, la imparcialidad y la rectitud en la aplicación de las normas y leyes. La justicia busca asegurar que cada persona reciba lo que le corresponde de acuerdo con sus derechos y obligaciones, sin importar su raza, género, religión, nacionalidad, posición económica o cualquier otra característica personal. La justicia es un valor fundamental para el funcionamiento de las sociedades democráticas, ya que garantiza la igualdad ante la ley y el respeto a los derechos humanos, con fundamento en una adecuada distribución de las desigualdades.

Justicia Como Principio Material

Tal como se ha venido comentado, la justicia es un concepto amplio, polivalente y polisémico, que comprende múltiples acepciones, que, en sentido estricto, podríamos definir como alegóricas; por ende, podríamos decir que el término de justicia hace referencia a una idea, una abstracción de lo que debería ser, como una norma o ideal moral que pretende la igualdad, el respeto y la garantía de derechos humanos.

Por tal razón, la materialización de su connotación se hace exigible, necesariamente evidenciable ante los ciudadanos que se encuentran regidos bajo la égida de la ley. Es aquí en donde la justicia debe tener su forma apreciable, tangible y en relación con el cumplimiento del fin mismo; la justicia es un medio, un principio, una idea, pero está de debe hacerse perceptible. En tal virtud, la justicia como principio material, se hace evidenciable con la distribución equitativa de bienes y recursos, de forma justa, que permitan al individuo el desarrollo de su vida y lograr sus metas personales.

En el capítulo anterior, se citaron algunos autores que desarrollan la justicia como principio material, entre otros, véase a Rawls (1971); Amartya Sen (1993), Martha Nussbaum (2016); Ronald Dworkin (2011), quienes desarrollaron la idea de que la justicia como principio material, hace referencia a que la distribución de los recursos debe realizarse conforme a una distribución equitativa, en consideración de nuestras diferencias, que permita desarrollar plenamente al individuo. Sin embargo, es necesario advertir que, en el ámbito internacional, hay un sinfín de autores adicionales que tratan y desarrollan la justicia como principio material.

Para tener por referencia, podríamos analizar como punto

de partida el pensamiento de Imanuel Kant, quien, si bien no desarrolló la justicia como principio material, sí expuso un marco breve para abordar la justicia desde un punto de vista material, con sus ideas sobre la moralidad y la ética, las cuales podrían enmarcarse en el principio de justicia material.

Para Kant (1975), la moralidad se basa en el respeto por la dignidad y el valor intrínseco de los seres humanos y se manifiesta con acción, la cual debe ceñirse al deber moral. En tal virtud, podríamos identificar los presupuestos de la justicia como principio material, pues exige la promoción de las condiciones necesarias para que todos los seres humanos puedan vivir de acuerdo con su dignidad y libertad, sin restricciones. Ahora, también aborda la necesidad de establecer un sistema jurídico internacional que garantice la protección de los derechos y la igualdad de los estados, por lo que estas ideas permitieron el desarrollo de teorías sobre la justicia como principio material en el ámbito internacional.

En el desarrollo de la justicia como principio material, intervienen múltiples actores que permiten la realización de la justicia como principio en el Estado, algunos que podríamos destacar son:

- El Estado: fija políticas y programas orientadas a garantizar de alguna manera la igualdad de oportunidades y la distribución equitativa de los recursos. Véase la provisión de servicios como educación, salud, vivienda y empleo, así como la protección de los derechos y la igualdad de todas las personas.
- Las empresas: impactan significativamente, en cuanto son promotores de los recursos y la generación de empleo y riqueza en una sociedad, siempre que propendan por los derechos laborales, sociales y ambientales, contribuyan a la creación de empleo y el desarrollo sostenible.
- Las organizaciones de la sociedad civil: (ONG, las asociaciones de vecinos y organizaciones

de derechos humanos), tienen un papel importante en la justicia como principio material, pues promueven la participación ciudadana y la defensa de los derechos de grupos vulnerables, propugnando por prácticas más justas y equitativas.

- Los ciudadanos: de forma individual o en comunidades tienen un papel activo en la lucha contra la desigualdad y la exclusión social. Trabajan para garantizar el acceso a los recursos y oportunidades, en procesos democráticos para influir en las políticas públicas y la toma de decisiones.
- Los movimientos sociales: (feministas, antirracistas, ecologistas, etc.) cuando participan como denunciantes de las desigualdades y luchar por cambios estructurales que permitan una distribución más justa de los recursos y oportunidades.
- Los organismos internacionales: (ONU, el FMI, el Banco Mundial, etc.) pueden promover políticas globales que fomenten la igualdad y la distribución equitativa de los recursos, y pueden ofrecer asistencia técnica y financiera a los Estados para implementar dichas políticas.

Es así como podríamos definir a la justicia como principio material, como aquel principio que propugna porque todas las personas puedan satisfacer sus necesidades básicas, para desarrollar su potencial como seres humanos, corrigiendo las desigualdades económicas y sociales, para garantizar una sociedad justa, equitativa y en paz; inclusive, algunos autores modernos, consideran que la justicia como principio material exige que todas las personas deberían recibir una renta básica universal, que les permita cubrir sus necesidades básicas, véase por ejemplo a Van Parijs (2017).

No obstante, la justicia como principio material, también tiene una serie de contradictores que defienden, entre otras: (i) el hecho de que la justicia como principio material entre en conflicto con la libertad individual y la capacidad de las personas para tomar elecciones libres, pues la redistribución de los recursos de forma igualitaria implicaría limitar la libertad de las personas en cuanto a la elección de su forma de vida; (ii) no resulta fácil de implementar en la práctica, pues, para empezar, no sería fácil definir qué recursos son necesarios para cada persona y cómo distribuirlos, además, la asignación a cada persona, podría resultar en una tarea de imposible recaudo; (iii) restringiría la creatividad y por ende el desarrollo, conllevaría la idea de que no es necesario el trabajo duro, diferenciado e innovador, pues el resultado va a ser igual para todos; y (iv) está la pluralidad de las personas, ¿qué constituye un nivel justo de distribución?, para unos, puede serlo una cosa, para otros no.

En este sentido, autores de la relevancia de Nietzche (1886) o Foucault (1975), exponen argumentos relevantes en contra de la justicia como principio material. Algunos de los argumentos más importantes para Nietzsche, en contra de la justicia como principio material, consisten en que es casi imposible que existan valores universales y objetivos; tiene a la ética como un resultado de la autoafirmación y la autosuperación, considera a la justicia como una construcción artificial de la moralidad que limita la libertad de las personas y su capacidad para crear una vida libre. Considera a la justicia como una invención del ser humano para imponer ideas, en forma de normas y valores. Reflexiona sobre la idea de una justicia material como una forma de opresión que impide a las personas su desarrollo pleno. Como se puede apreciar, es un pensamiento totalmente antípoda a lo que trataban autores pro-justicia como principio material, para Nietzche, cada persona debe buscar su propio camino, de acuerdo con su voluntad.

Por su parte, Foucault (1975) critica duramente a la justicia y al poder punitivo, más específicamente su desarrollo y finalidad, argumenta que la justicia es una herramienta de control y represión, que no se preocupa por la verdad o la moralidad; señala que no puede ser un principio objetivo, universal, pues este varía según el contexto histórico y cultural, que es el producto de las prácticas y discursos sociales, considera que los ciudadanos, deben cuestionar y resistir las formas de poder que los oprimen.

Como se puede ver, la justicia como principio material, tiene sus ventajas, pero también tiene sus contradictores, quienes utilizan argumentos relevantes, con importante asidero sobre la forma en la que debe ser la justicia, en especial como principio material.

Tratamiento Procesal

El tratamiento procesal del acceso a la administración de justicia en Colombia ha tenido un desarrollo importante a lo largo de la historia y ha sido objeto de numerosas reformas, en búsqueda de garantizar el mayor respeto de los derechos fundamentales de las personas en los juicios procesales; así, podríamos identificar algunos momentos relevantes para el acceso a la administración de justicia: (i) la época colonial; (ii) siglo XX; y (iii) la actualidad.

Época Colonial.

El acceso a la administración de justicia durante la época colonial se caracteriza básicamente por la falta de transparencia, la corrupción y la violencia.

Durante la época colonial, la justicia en Colombia estaba en cabeza de los corregidores y los alcaldes mayores, quienes, según Encina (1993), destacaban por la falta de transparencia y la corrupción, lo cual limitaba el acceso a la administración de justicia para la mayoría de la población, especialmente para los indígenas y africanos. Los corregidores y alcaldes mayores eran nombrados por el gobernador de la provincia, el sistema judicial se regía por las leyes españolas, específicamente por el *"Código de las Partidas"*, las cuales eran interpretadas de forma arbitraria y abusiva, ocasionando injusticia y violación de los derechos humanos.

Otro de los factores que permeaban la justicia de la época colonial, era el de la violencia, la cual, según Colmenares, G. (2005) siempre ha sido un factor influyente, producto de factores sociales, económicos y políticos, comprendidos, entre otros, por la lucha por la tierra, la guerra civil, la violencia política, etc.

No obstante, esto ocurría al interior del país, pues en la parte costera, el acceso a la administración de justicia se caracterizaba por las prácticas tradicionales y normas culturales de comunidades indígenas y afrodescendientes, quienes habían desarrollado sus propios sistemas de resolución de conflictos y de administración de justicia, formas, que aún hoy en día subsisten; según Fals Borda (1978), las prácticas judiciales estaban influenciadas por la religión, la música, la cultura y la vida social de la región.

Al igual que Colmenares, G., Viloria de la Hoz, J. (2018),

destaca la influencia de factores políticos, sociales y culturales en el desarrollo del acceso a la administración de la justicia en la época colonial, caracterizándolo como un sistema limitado y dirigido únicamente a blancos y criollos.

Estas son algunas de las características importantes, respecto del tratamiento procesal del acceso a la administración de justicia en la época colonial.

Siglo XX.

Durante el Siglo XX, a medida que la democracia se extendió y se fortaleció, el acceso a la administración de justicia fue un tema que adquirió mayor relevancia en todo el mundo, en aras de garantizar que todos los ciudadanos tuvieran un efectivo acceso a la administración de justicia. No obstante, seguían existiendo limitantes, en algunos casos, estaba sesgado en contra de ciertos grupos sociales o políticos; en otros casos, la falta de recursos y la corrupción, eran talanqueras para garantizar un acceso libre a la administración de justicia, por lo que varios países implementaron políticas públicas de asistencia legal gratuita a los ciudadanos y se crearon tribunales especializados, para temas restringidos, entre otras.

Al respecto, Fuller L.L. (1964), argumentaba que el acceso a la administración de justicia es un derecho fundamental, que no se debe comprender en el simple acceso a los tribunales, sino también en el acceso efectivo a los medios para poder comprender y utilizar el sistema legal. Por su parte, Cappelletti M. (1976), hablaba de la igualdad ante la ley, la asistencia jurídica gratuita y el papel de los tribunales como protectores de los derechos fundamentales. En el mismo sentido, Boaventura de S.S. (1995), argumenta que el acceso a la administración de justicia debe incluir la posibilidad de utilizar diferentes fuentes de derecho, incluyendo el consuetudinario y los sistemas de justicia indígena. No obstante, Giddens A. (1990), señala que la creciente complejidad de los sistemas legales modernos ha dificultado el acceso a la administración de justicia.

Durante el Siglo XIX, en Colombia aun preponderaba un sistema judicial basado en el derecho español y en la Constitución de Cádiz de 1812[5], la cual establecía la igualdad ante la ley y el derecho a la defensa; no obstante, durante el siglo XX, se plantearon diferentes reformas legales y constitucionales, en aras de garantizar un acceso a la administración de justicia efectivo, en búsqueda del respeto de los derechos fundamentales de los ciudadanos. Durante este siglo se presentaron importantes reformas que permitieron un mayor acceso a la administración de justicia; es así como se expidieron leyes como el Decreto 1400 de 1970, el cual estableció una serie de procedimientos claros y estandarizados para la resolución de disputas civiles, también se crearon juzgados de paz para manejar casos civiles de menor cuantía; la Constitución Política de 1991, la cual estableció el principio de acceso a la justicia como un derecho fundamental, el derecho a una defensa técnica, la gratuidad de la justicia y la obligación del Estado de proteger a las víctimas de delitos y violaciones de derechos humanos. Otra de las principales reformas, fue la de la creación del Ministerio de Justicia y del Derecho de Colombia[6] y se implementaron diferentes medidas para mejorar la eficiencia y transparencia del sistema judicial.

Durante el siglo XX, en el mismo sentido de la justicia a nivel internacional, el acceso a la administración de justicia se caracterizó también por la corrupción, la falta de recursos y la falta de independencia judicial; al respecto, Rodríguez G. (2004), explica cómo el sistema judicial colombiano, durante el siglo XX, fue afectado por la violencia y el conflicto armado y destaca los desafíos pendientes por garantizar el acceso a la administración de justicia en Colombia, en las zonas rurales y marginadas. Por su parte, el jurista colombiano Villegas G. (2006) critica el acceso a la administración de justicia, analizando las limitaciones y barreras que han enfrentado históricamente las personas en Colombia para acceder al sistema judicial. Señala que el derecho fundamental al acceso a la administración de justicia se ha visto afectado por la falta de recursos económicos, la falta de información, la complejidad del sistema judicial, la corrupción, la falta de confianza en las instituciones y la discriminación social y cultural. Como solución, propone la necesidad de simplificar los procesos, promover la educación legal y la información sobre derechos y deberes ciudadanos y fomentar la participación ciudadana en la toma de decisiones.

Uno de los referentes del derecho en Colombia, durante el Siglo XX, el Dr. José Gregorio Hernández[7], se destacó positivamente en la defensa de los derechos humanos y su compromiso con la justicia social, en diferentes oportunidades, ejerciendo como magistrado y como activista, emitió múltiples pronunciamientos en cuanto al accesos a la administración de justicia como elemento indispensable; así, en discurso proferido en el 2002 en la Universidad Sergio Arboleda, afirmó: *"el acceso a la justicia es uno de los pilares del estado de derecho, es un derecho fundamental de la ciudadanía y una condición indispensable para el desarrollo de la democracia y la garantía de los derechos humanos"*[8]; mientras que a través de diferentes sentencias, se enfocó en garantizar el acceso a la administración de justicia, en adoptar medidas especiales para asegurar el ejercicio pleno del acceso a la administración de justicia y en la implementación de la oralidad en los procesos judiciales y la eliminación de los obstáculos que impidan su ejercicio. Algunas sentencias proferidas en este sentido podrían ser las siguientes:

- Sentencia T-035 de 1996. Allí dispuso que el acceso a la administración de justicia es un derecho fundamental, que debe estar libre de cualquier obstáculo y que debe ser garantizado por las autoridades judiciales.
- Sentencia T-022 de 1997. En aquella oportunidad, determinó que las autoridades judiciales deben implementar medidas efectivas para garantizar que las personas con discapacidad puedan ejercer su derecho de acceso a la administración de justicia.
- Sentencia T-800 de 1998. Enfatizó en la importancia de la oralidad en los procesos judiciales, como un medio para garantizar el derecho de acceso a la administración de justicia.

Es decir, durante el Siglo XX, el tratamiento procesal del acceso a la administración de justicia en Colombia y en el mundo, avanzó de forma significativa, en cuanto a propender por garantizar el acceso a la administración de justicia, al procurar la implementación de múltiples herramientas, procedimientos y actos que permitieran un acceso real a la administración de justicia.

Actualidad.

En la actualidad, el tratamiento procesal del acceso a la administración de justicia presenta avances significativos en cuanto a la posibilidad de acudir a los despachos judiciales, la multiplicidad de unidades judiciales, la propensión por mecanismos alternativos de solución de conflictos, como la conciliación y la mediación, los cuales han permitido que se garantice a las personas, poder acceder a la justicia de forma eficiente y significativa. A nivel internacional, se han planteado diferentes iniciativas, acuerdos y tratados internacionales, con la finalidad de garantizar la prerrogativa de accesos a la administración de justicia de forma eficiente. Algunos de los mecanismos internacionales más relevantes son los siguientes:

- La Declaración Universal de los Derechos Humanos. *"Toda persona tiene derecho a un recurso efectivo ante los tribunales nacionales competentes, que la ampare contra actos que violen sus derechos fundamentales reconocidos por la constitución o por la ley".*

- El Pacto Internacional de Derechos Civiles y Políticos. *"Todas las personas son iguales ante los tribunales y cortes de justicia. Toda persona tendrá derecho a ser oída públicamente y con las debidas garantías por un tribunal competente, independiente e imparcial, establecido por la ley, en la substanciación de cualquier acusación de carácter penal formulada contra ella o para la determinación de sus derechos u obligaciones de carácter civil. La prensa y el público podrán ser excluidos de la totalidad o parte de los juicios por consideraciones de moral, orden público o seguridad nacional en una sociedad democrática, o cuando lo exija el interés de la vida privada de las partes*

> o, en la medida estrictamente necesaria en opinión del tribunal, cuando por circunstancias especiales del asunto la publicidad pudiera perjudicar a los intereses de la justicia; pero toda sentencia en materia penal o contenciosa será pública, excepto en los casos en que el interés de menores de edad exija lo contrario, o en las acusaciones referentes a pleitos matrimoniales o a la tutela de menores".

- La Convención Americana sobre Derechos Humanos (Pacto de San José de Costa Rica). *"Toda persona tiene derecho a ser oída, con las debidas garantías y dentro de un plazo razonable, por un juez o tribunal competente, independiente e imparcial, establecido con anterioridad por la ley, en la sustanciación de cualquier acusación penal formulada contra ella, o para la determinación de sus derechos y obligaciones de orden civil, laboral, fiscal o de cualquier otro carácter".*

- La Agenda 2030 para el Desarrollo Sostenible de la ONU. Objetivo 16. busca promover sociedades pacíficas e inclusivas para el desarrollo sostenible, brindando acceso a la justicia para todos y construyendo instituciones eficaces, responsables e inclusivas a todos los niveles.

No obstante, se siguen presentando problemas en cuanto a la efectividad de la justicia, la cual se ve afectada por la congestión en los juzgados y tribunales; continúa permeando la corrupción en algunos sectores judiciales, la falta de acceso a la justicia para poblaciones vulnerables y la falta de recursos económicos y técnicos para la atención adecuada de los múltiples casos de justicia. A modo de ejemplo, en la Corte Constitucional, desde su creación, a 22 de febrero de 2022, se han radicado más de nueve millones de acciones de tutela (Fig. 1), de las cuales, solo en Bogotá, se han presentado el 20,66% (Fig. 2), con el 44,85% con fallo favorable para el tutelante (Fig. 3), en donde mayoritariamente, se persigue la protección al derecho de petición (Fig. 4), acciones de tutela que, por la inmediatez, deben ser resueltas con prontitud, por lo que exigen del despacho judicial, una actividad extenuante que demanda atención de tiempo completo.

Figura 1.

Tutelas radicadas en la Corte Constitucional entre enero de 2019 y diciembre de 2022.

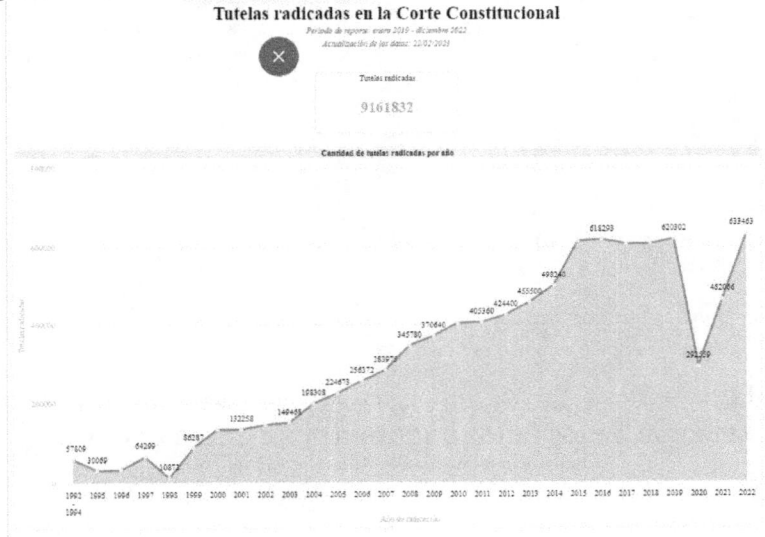

Figura 2.
Tutelas radicadas por lugar de origen.

Figura 3.
Relación de los fallos de tutela en primera instancia.

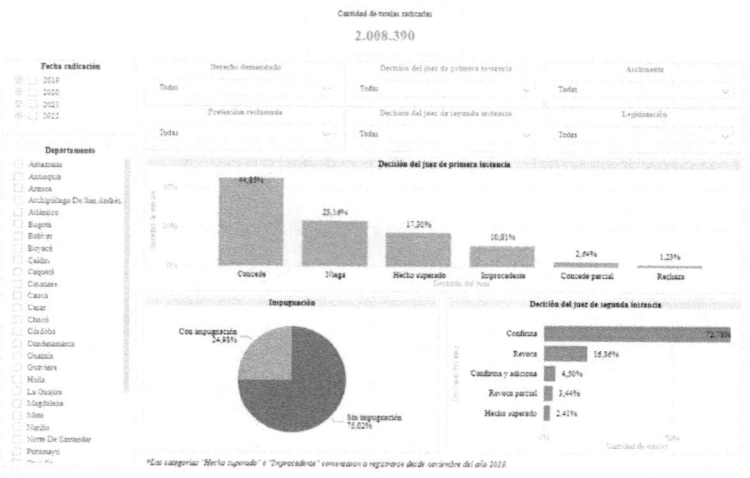

Figura 4.
Derechos demandados en acciones de tutela.

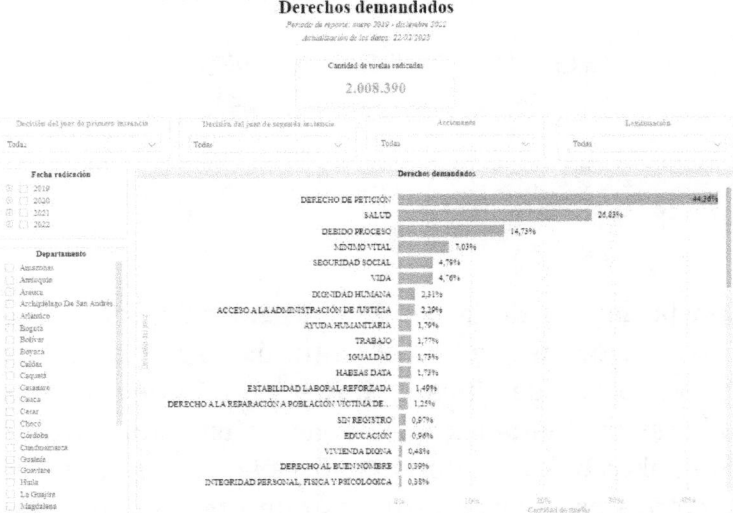

En este sentido, es claro que, aunque se acude de forma más prolifera al sistema de justicia, es evidente que el derecho fundamental de acceso a la administración de justicia podría no resultar adecuado, pues la calidad del sistema judicial se ve afectada necesariamente por la carga procesal que tiene cada unidad judicial, que, en últimas, termina afectando la calidad de las decisiones emitidas y, por ende, la obtención de un real acceso a la administración de justicia.

Tecnologías de la Información y la Comunicación

Con la llegada de la pandemia generada por el COVID-19, las sociedades a nivel mundial se vieron obligadas a adoptar, de forma imperativa, nuevas formas de desarrollar sus actividades cotidianas, es así como, entre otros, la educación, el trabajo, la salud y la justicia, tuvieron que trasladar su ejecución a escenarios remotos que pretendían eximir a las personas de la presencialidad.

Colombia no fue ajena a dicha situación y la prestación de servicios indispensables, se tuvo que desarrollar en escenarios de virtualidad, afectando de forma significativa la cobertura y el acceso de los principales servicios públicos.

En el sector de educación, aunque hubo más matriculados para el 2021, las cifras presentadas por el DANE en el Censo de Educación Formal (CEDU), permiten evidenciar que dichas cifras no se comparan con las de la prepandemia. En cuanto al sector de la salud y la "telemedicina", según las cifras presentadas por el Ministerio de Salud y Protección Social (2021), se puede evidenciar que la cobertura ha mejorado y que se han logrado más "teleconsultas".

En este sentido, el acceso de los colombianos a internet resulta un elemento relevante y diferenciador respecto de la prestación real y efectiva de dichos servicios, pues se podría estar presentado un elemento discriminante respecto de la funcionabilidad del Estado como prestador de los derechos fundamentales de los colombianos.

Estos informes, podrían ser el resultado de un pequeño grupo de personas que tiene acceso real a internet de calidad. En Colombia, según cifras de la Comisión de Regulación de

Comunicaciones, el acceso a internet durante el 2021 mejoró en materia de acceso, penetración y calidad. Para diciembre del 2021, hubo un crecimiento de las conexiones móviles del 16,8% y del 7,6% para conexiones fijas, respecto del mismo mes de 2020. Sin embargo, para finales de 2021, 944 municipios contaban con acceso residencial de fibra óptica; no obstante, Colombia cuenta con cerca de 1123 municipio, lo que significa que hay un total de 179 municipio sin acceso a internet. Según el Ceso Nacional Poblacional y Vivienda de 2018, en Colombia la población era de cuarenta y ocho millones doscientos cincuenta y ocho mil cuatrocientos noventa y cuatro personas (48.258.494) lo que se traduciría, para efectos del presente documento de investigación, en que cerca de ocho millones (8.000.000) personas estarían viendo comprometidos sus derechos fundamentales, debido al no acceso residencial de fibra óptica o de un internet de calidad que les permita gozar de los beneficios que trae consigo la virtualidad.

El Ministerio de Justicia en el 2017, con base en los fundamentos obtenidos en el Módulo de Necesidades Jurídicas de la Encuesta de Calidad de Vida para el 2016, diseñó un Índice de Acceso Efectivo a la Justicia, allí se midieron diferentes dimensiones que pueden influir en el acceso a la administración de justicia; en tal virtud, observó: (i) el ambiente favorable; (ii) el empoderamiento legal; (iii) asistencia legal; (iv) acceso a las instituciones; (v) procedimiento justo; (vi) capacidad de cumplimiento y, (vii) los Objetivos de Desarrollo Sostenible, dispuestos en la agenda para el desarrollo sostenible 2030.

Dicho informe, permitiría pensar que para el 2017 – 2019: (i) Colombia presentaba un índice de acceso a la justicia bajo, lo que indicaría que habían importantes barreras para el acceso efectivo a la justicia por parte de la población; (ii) La dimensión de accesibilidad es la que presenta mayores debilidades, lo que indicaría que habían importantes obstáculos en términos de acceso geográfico, económico y cultural a los servicios de justicia; (iii) La dimensión de calidad también presentaba debilidades significativas, lo que indicaría que los servicios de justicia no siempre cumplían con los estándares de calidad necesarios para garantizar una justicia efectiva; (iv) La dimensión de integridad presenta un desempeño moderado, lo que indicaría que aunque existían importantes desafíos en términos de corrupción y ética en la administración de justicia, se estaban realizando esfuerzos para mejorar la transparencia y la rendición de cuentas en este ámbito; (v) La dimensión de resolución de disputas es la que presentaba el mejor desempeño, lo que indicaría que en general se cuenta con mecanismos efectivos para la resolución de conflictos, aunque aún se podían realizar mejoras en términos de eficiencia y eficacia.

No obstante, lo dispuesto en el Índice de Acceso Efectivo a la Justicia obedecía a un panorama, una foto de lo que era el acceso a la administración de justicia, anterior a la situación de emergencia generada como consecuencia del Covid – 19, a la implementación de leyes y decretos que implementaron la virtualidad obligatoria en el proceso judicial, tales como el Decreto 806 de 2020[9], Acuerdo PCSJA20-10734 de 2020[10], Decreto 421 de 2021[11], la Ley 2213 de 2022[12], entre otras; normas que, en términos generales, modificaron sustancialmente, la forma en la que se accedía a la administración de justicia, estableciendo como obligatorio, la imposición de la virtualidad, para el adelantamiento de las acciones judiciales.

A pesar de que la virtualidad ha permitido la implementación de herramientas de notificación y gestión de procesos en línea, facilitando el acceso a la información y permitiendo un seguimiento más eficiente de los casos judiciales, la realización de audiencias y diligencias judiciales virtuales, lo cual reduce los costos de desplazamiento y aumenta la eficiencia de los procesos judiciales, también plantea algunos retos y desafíos que deben ser abordados. En particular, es necesario garantizar que la virtualidad no afecte negativamente los derechos fundamentales de las partes involucradas en los procesos judiciales, como el derecho a la defensa, el derecho a la intimidad y el derecho al debido proceso, de los casi ocho millones (8.000.000) de personas que hoy en día no tienen un internet de calidad, por lo que es importante garantizar que todas las personas tengan acceso a las herramientas y tecnologías necesarias para participar en los procesos judiciales de manera virtual.

En términos de justicia como principio material, tendríamos que no hay un escenario de justicia, respecto al acceso a la administración de la justicia, en razón a que no se satisfacen adecuadamente las diferencias entre la mayoría de la población; sin embargo, al ser un trabajo de ardua tarea, es importante que se siga trabajando por garantizar a todas las personas un acceso efectivo y real a las tecnologías de la información y la comunicación.

Acceso a la Justicia Como Derecho Humano Fundamental

En respuesta a los horrores sufridos en la Segunda Guerra Mundial, representantes de diferentes culturas y tradiciones jurídicas, consideraron establecer una serie de derechos humanos básicos que fueran considerados universales y fundamentales para la subsistencia de todas las personas, independiente de su raza, género, nacionalidad o religión. Es así como, la Asamblea General de las Naciones Unidas (AGNU) [13] en 1946 conformó un comité compuesto por diferentes países y culturas, representadas por juristas, filósofos, políticos y defensores de derechos humanos, con la finalidad de redactar la Declaración Universal de Derechos Humanos[14].

La Declaración Universal de Derechos Humanos estableció, entre muchas cosas importantes, que todos los seres humanos tienen derecho a la vida, la libertad, la igualdad ante la ley; pero también reconoció la génesis del acceso a la justicia como un derecho humano fundamental, pues se estableció el derecho a un juicio justo, el derecho a la protección contra la arbitrariedad y la opresión del poder judicial.

El artículo 10 de la Declaración Universal de Derechos Humanos, establece:

"Toda persona tiene derecho, en condiciones de plena igualdad, a ser oída públicamente y con justicia por un tribunal independiente e imparcial, para la determinación de sus derechos y obligaciones o para el examen de cualquier acusación contra ella en materia penal".

Posteriormente, el Pacto Internacional de Derechos Civiles (PIDCP) estableció que los derechos civiles y políticos deben ser protegidos por los Estados Parte, incluyendo el derecho a un juicio justo. En tal virtud, en su artículo 14 reconoció el derecho de toda persona a un juicio justo e imparcial y a tener acceso a los tribunales en igualdad de condiciones, estableció garantías procesales, el derecho a ser informado de los cargos y a tener facilidades en la preparación de la defensa; también estableció la obligación de los estados parte de garantizar la efectividad de los recursos judiciales, exigiendo la obligación de establecer mecanismos idóneos para que las personas puedan proteger y defender sus derechos.

No obstante, no fue sino hasta la década de 1970 que la Comisión Interamericana de Derechos Humanos (CIDH) comenzó a explorar el acceso a la justicia como un derecho humano fundamental, incluyéndolo en el informe anual de 1979 como uno de los derechos civiles y políticos más importantes, destacando la importancia de garantizar la accesibilidad y efectividad en el acceso a la administración de justicia, especialmente para aquellos que se enfrentan a desigualdades sociales o económicas.

En Colombia, el desarrollo del derecho de acceso a la administración de justicia como derecho fundamental estuvo marcado me influenciado por la entrada en vigencia de la Declaración Universal de los Derechos Humanos, la cual se dio el 10 de diciembre de 1948 y por la adopción por la Asamblea General de las Naciones Unidas el 16 de diciembre de 1966 del Pacto Internacional de Derechos Civiles y Políticos (PIDCP) y entrada en vigor en Colombia el 31 de diciembre de 1968, a través de la Ley 74 de 1968.

Sin embargo, con anterioridad a la entrada en vigor del PIDCP y del DUDH, en la legislación colombiana ya se mencionaba dicho derecho como una posibilidad de las personas, véanse la Ley 153 de 1887 o el Código Civil (Ley 84 de 1873), legislaciones en las que se incluían disposiciones relacionadas con las obligaciones y derechos de las personas jurídicas y naturales, respecto de la forma en la que se podía acudir a la justicia para resolver conflictos y en la forma en la que se debían regular dichos juicios, normatividades que hoy en día continúan vigentes.

Con posterioridad, diferentes autores (tanto a nivel latinoamericano, como local) ya hablaban del acceso a la administración de justicia como un derecho fundamental, véanse, entre otros, los siguientes:

- Eduardo García Maya Máynez (1940), autor mexicano, quien en su libro denominado "Introducción al estudio del derecho" se enfoca en definir el derecho y describir su función; destacando la importancia de que existan mecanismos adecuados para garantizar el acceso a la justicia a todas las personas independiente de su posición social o económica. Asimismo, también destaca la importancia de que el derecho sea aplicado de manera justa y equitativa, y que los órganos judiciales sean independientes y estén libres de influencias políticas o económicas, haciendo necesarios mecanismos para garantizar el cumplimiento de las decisiones judiciales y para proteger a los ciudadanos de posibles abusos de poder.

- Hernando Devis Echandía (1970), en su obra "Teoría General de la Prueba" sostiene que el derecho de acceso a la administración de justicia es una garantía necesaria para la protección de los derechos humanos y, por ende, es un deber que tiene que ser protegido por el Estado.

Sin embargo, no fue hasta la Constitución Política de 1991 que se tuvo al acceso a la administración de justicia como un derecho garantizado por el Estado. Ramiro Bejarano G.; Moreno Cruz P. & Rodríguez Mejía M. (2017), comprenden el acceso a la administración de justicia como el elemento que permite a las personas el ejercicio de las acciones necesarias para exigir sus derechos y para que efectivizar la justicia. En el mismo sentido, el artículo 229 constitucional, indica que es derecho de todas las personas de acceder a la administración de justicia[15]; no obstante, mediante la jurisprudencia expedida por la Corte Constitucional de Colombia, se ha señalado que el derecho de acceso a la administración de justicia es un derecho fundamental, véase, entre otras, la sentencia T-122 de 1993, en la que la Corte Constitucional reconoció el acceso a la justicia como un derecho fundamental y como una garantía principal para la protección de los derechos humanos. Por otra parte, en la Sentencia SU-111 de 1997 la Corte Constitucional habló del papel de la justicia constitucional, destacando la importancia del acceso a la justicia para el ejercicio efectivo de otros derechos fundamentales, como el derecho a la igualdad, el derecho a un juicio justo y el derecho a la protección judicial.

En este sentido, el derecho de acceso a la administración de justicia, hoy en día, tiene la categoría de derecho fundamental, pues a través de su protección, se lograr materializar la protección efectiva de las demás prerrogativas establecidas tanto en el bloque de constitucionalidad como en la legislación interna.

CAPÍTULO II

Bases para el Acceso a la Administración de Justicia

El acceso a la administración de justicia se fundamenta en otros derechos fundamentales debido a su relación intrínseca, tanto por los efectos que se producen de garantizar efectivamente el acceso al aparato judicial, como de las condiciones que deben rodear dicha prerrogativa, en este sentido, diferentes autores[16] y múltiples sentencias de la Corte Constitucional[17], han coincidido en que el derecho de acceso a la administración de justicia se basa en diferentes principios fundamentales, tales como:

1. El principio de igualdad ante la ley: todas las personas deben tener igualdad de oportunidades y trato en el acceso a la justicia, sin importar su origen, raza, género, orientación sexual, religión u otra condición.

2. El principio de la tutela judicial efectiva: este principio implica que toda persona tiene derecho a una protección judicial efectiva, lo que significa que los tribunales deben ser capaces de proporcionar un recurso efectivo en caso de que se produzcan violaciones de derechos fundamentales.

3. El principio de la gratuidad: se materializa en el derecho de las personas de acceder a la justicia sin tener que pagar altas tarifas o costos de representación legal.

4. El principio de la accesibilidad: los tribunales deben ser accesibles física y geográficamente para todos

los ciudadanos, especialmente para aquellos que viven en áreas rurales o de bajos ingresos.

5. El principio de la independencia judicial: los tribunales deben ser independientes y no estar sujetos a la influencia política, económica o social.

6. El principio de la publicidad: los procesos judiciales deben ser públicos, a menos que existan razones legítimas para mantener la privacidad de un caso.

7. El principio de la pronta justicia: los tribunales deben ser capaces de resolver los casos de manera oportuna y eficiente, de modo que la justicia pueda ser entregada de manera efectiva y en un tiempo razonable.

No obstante, en el presente escrito analizaré algunos elementos del derecho, que sirven de base para consolidar el acceso a la administración de justicia y que podrían tener o no la categoría de derechos fundamentales.

El Derecho Sustancial y su Prevalencia.

El derecho sustancial hace referencia al conjunto de normas que regulan el contenido y alcance de los derechos y deberes de las personas en una sociedad. Por su parte, Azula C. (2010) define el derecho sustancial o material como el conjunto de normas que regulan la conducta de los individuos dentro de la sociedad, además de regular las relaciones de intereses debido a la distribución de los bienes. También se puede comprender como derecho material, se trata del derecho que consagra en abstracto los derechos (Sentencia C-029, 1995). Es decir, se trata de las leyes y normas que establecen las obligaciones y responsabilidades de los individuos en relación con su vida en sociedad, así como también sus derechos y libertades. El derecho sustancial se diferencia del derecho procesal, formal o adjetivo en que este se refiere a las reglas y procedimientos que se utilizan para hacer valer y proteger los derechos sustanciales.

Para Alexey R. (1993) el derecho sustancial es la base para el acceso efectivo a la justicia, pues el acceso a los procedimientos jurisdiccionales por sí solo no es suficiente si no se pueden hacer valer los derechos sustanciales. Para Alexey, el derecho sustancial establece la existencia y los límites de los derechos y obligaciones de las partes, mientras que el derecho procesal establece los procedimientos para hacerlos valer y protegerlos.

Por su parte, Dworkin R. (1986) tiene por derechos sustancial al conjunto de principios, derechos y deberes que se derivan de una concepción moral, política y ética de la sociedad, que están incorporadas en las normas y decisiones judiciales. Sostiene que el derecho sustancial, no solo se comprende en un conjunto de normas, sino que se extiende a lo principios, los cuales deben ser interpretados y aplicados coherente y sistemáticamente; para Dworking el derecho sustancial se relaciona con la idea de justicia como equidad, en oposición al positivismo que considera al derecho como un conjunto de reglas establecidas por la autoridad política.

Ferrajoli L. (1995) tiene por derecho sustancial al conjunto de normas y principios que establecen los derechos y deberes de los ciudadanos, pero también considera derecho sustancial al conjunto de normas y principios que establecen los límites al poder estatal, haciendo referencia al derecho material y no a las normas procesales o formales. Sin embargo, sostiene que el acceso a la justicia no se agota en la posibilidad de acudir a las instancias judiciales, sino también se comprende en el acceso a un derecho justo y equitativo que garantice las prerrogativas fundamentales.

En el ámbito local, Tamayo Jaramillo J. (2018) habla de que el derecho sustancial hace referencia a las normas jurídicas que regulan las relaciones sociales y económicas, a las que establecen deberes y derechos y contienen criterios de justicia y equidad; son aquellas que delimitan el contenido material de los derechos y prerrogativas fundamentales, es el derecho que se encarga de establecer las reglas y principios que rigen las relaciones sociales, económicas y políticas y que permiten garantizar la justicia y la protección de los derechos de las personas

En suma, en el contexto del acceso a la administración de justicia, el derecho sustancial es cardinal, ya que permite a los ciudadanos hacer valer sus derechos y proteger sus intereses ante las autoridades judiciales. Es tan importante, que la Constitución Política de Colombia en su artículo 228 lo sobrepone a cualquier otro.

La Corte Constitucional de Colombia (Sentencia C-029, 2023) ha establecido que la prevalencia del derecho sustancial permite reconocer que el fin de la actividad jurisdiccional es la materialización de los derechos consagrados en abstracto por el derecho objetivo, por lo que el proceso, sólo es un medio.

En este sentido, la prevalencia del derecho sustancial se hace relevante para la configuración de un Estado Social de

Derecho, en cuanto fija los derechos de las personas. Inclusive, la Organización para la Cooperación y el Desarrollo Económico (OCDE), en su tarea de apoyo a los países para cerrar las brechas en accesibilidad, eficacia y eficiencia de la justicia ha fomentado e identificado el intercambio de buenas prácticas y experiencias para mejorar el acceso a la justicia desde la perspectiva de los ciudadanos y las empresa; en tal virtud ha fijado un marco, basándose en un propósito centrado exclusivamente en las personas, en torno a cuatro pilares: 1) diseño y prestación de servicios centrados en las personas, 2) facilitadores de la gobernanza e infraestructura, 3) empoderamiento de las personas, y 4) planificación, monitoreo y rendición de cuentas.

El Derecho Formal.

Contrario al derecho sustancial, el derecho formal puede comprenderse en las normas que rigen el funcionamiento de los tribunales y la administración de justicia en general, establece reglas de procedimiento, permiten verificar cómo se deben llevar a cabo los procedimientos judiciales.

Su importancia se refleja en que el establecimiento de procesos justos, permiten hacer efectivos los derechos sustanciales, son el medio para efectivizar el derecho sustancial, permiten activar el aparato judicial con la finalidad de salvaguardar o hacer efectiva una prerrogativa; asimismo, el derecho formal proporciona un marco para la toma de decisiones imparciales y justas dentro del sistema judicial.

No obstante, en concordancia con lo expuesto, el derecho formal por sí solo no permite garantizar el acceso a la administración de justicia, pues está depende de otros factores, tales como la capacidad económica, la educación, la geografía, el acceso efectivo y factores socioeconómicos que pueden tener relevancia en unas personas a la hora de acceder al sistema de justicia. En tal virtud, el derecho formal debe garantizarse en compañía de medidas para garantizar el acceso a la justicia, incluyendo la provisión de asistencia jurídica gratuita, la promoción de educación legal, la eliminación de barreras económicas y geográficas, entre otro.

En este sentido, el Informe Final – Índice de Acceso Efectivo a la Justicia Colombia 2017 (Ministerio de Justicia y del Derecho. 2019), previamente citado, para medir el acceso a la administración de justicia efectiva, consideró que el Índice de Acceso Efectivo a la Justicia está compuesto por seis dimensiones[18]:

1. Ambiente favorable; mide las barreras estructurales e institucionales externas al sistema judicial y que impiden el acceso efectivo a la justicia: a) el nivel educativo de la población, b) uso de medios de comunicación, c) Penetración de internet, d) accesibilidad geográfica.

2. Empoderamiento legal; mide la capacidad que tiene un ciudadano para indagar sobre la multiplicidad de herramientas con las que cuenta para resolver un conflicto. Mide el conocimiento que se tiene de los mecanismos de protección de sus derechos: a) garantía y acceso a la comunicación, b) conocimiento básico del derecho, c) desconocimiento de las rutas de acción, d) porcentaje de capacitación sobre derecho realizadas por la Defensoría del Pueblo.

3. Asistencia legal; mide el estado de los servicios de asesoría y representación legal en proceso jurídicos, se configura por medio de: a) acceso a la asesoría legal, b) Capacidad de la Defensoría Pública, c) el acceso a consultorios jurídicos y d) Potencia de asistencia probono.

4. Acceso a instituciones; permite visualizar el acceso a las instituciones a través de la presencia institucional, eficacia y la percepción sobre los servicios, por lo que mide: a) percepción de los servicios de justicia, b) decisiones o acuerdos logrados, c) oferta agregada y, d) eficacia agregada.

5. Procedimiento justo; mide: a) calidad de respuesta del ciudadano, b) construcción de confianza en las instituciones, c) respeto al debido proceso y d) audiencias no realizadas.

6. Capacidad de cumplimiento. Pretende medir el cumplimiento de decisiones. Se configura midiendo: a) porcentaje de necesidades jurídicas que llegan a decisiones y que son cumplidos, b) porcentaje de población con necesidad jurídica que asistió a la

justicia y declaró que su problema fue resuelto, c) brecha de necesidades jurídicas satisfechas, y d) solicitudes de cumplimiento e incidentes de desacato.

Figura 5.
Dimensiones del Índice de Acceso Efectivo a la Justicia.

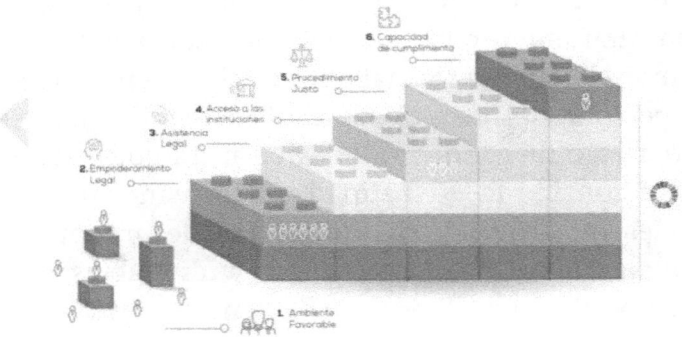

Analizadas todas en conjunto, permite verificar el estado de acceso a la administración de justicia de un país. En el caso de Colombia, dicho informe profirió una serie de recomendaciones:

- Expandir el alcance de las herramientas para promover el conocimiento legal de la población.
- Promover un enfoque preventivo de las necesidades jurídicas.
- Unificar esfuerzos de inversión para capacitación legal de la población con base en sus necesidades.
- Aprovechar el potencial aporte del sector privado mediante la prestación de servicios legales *probono*.
- Consolidar herramienta de reporte de gestión de Consultorios Jurídicos.
- Promover el uso de la asistencia legal para asesoría o representación.
- Promover la medición del desempeño de la justicia no penal desde un enfoque centrado en el

ciudadano mediante encuestas de necesidades jurídicas.

• Unificar los mecanismos y sistemas de seguimiento y medición del desempeño del sector justicia.

• Medición de la eficiencia técnica de los operadores judiciales.

• Promover la medición de la distribución de la oferta judicial más que el número de operadores.

En la actualidad, con una justicia colombiana predominantemente virtual, será necesario enfocar esfuerzos en combinar el derecho formal con medidas tendientes a garantizar a las personas el acceso efectivo a un internet residencial de fibra óptica o de calidad que les permita gozar de los beneficios que trae consigo la virtualidad; no en vano, se han presentado múltiples iniciativas con la finalidad de proporcionar internet mínimo para las poblaciones más vulnerables de la sociedad, véanse por ejemplo el Proyecto de Centro Poblados, por medio del cual se pretendía llevar a internet y tecnología a más de 10.000 comunidades del país (Semana. 2014).

Ahora, si bien podría tener al derecho formal como residual del derecho sustancial, algunos autores han puesto al derecho formal al mismo nivel del derecho sustancial, uno de ellos es el profesor italiano, Mauro Cappelletti (1989), sostiene que tanto el derecho sustancial como el formal son necesarios para garantizar el acceso a la justicia, y que la falta de cualquiera de ellos puede constituir una barrera para el acceso efectivo a la justicia.

De igual manera, el autor británico John Grifffith (1957) defiende la importancia del derecho formal y de los procedimientos judiciales para garantizar un acceso equitativo a la justicia. Según Griffith, el derecho formal ayuda a evitar decisiones arbitrarias y a asegurar que todas las partes tengan igualdad de oportunidades en el proceso judicial.

El Derecho de Acción.

En pocas palabras, el derecho de acción hace referencia a la facultad que tienen las personas de acudir a los tribunales para obtener la protección de sus derechos e intereses legítimos, así como para defenderse de acusaciones o pretensiones injustas. Es un derecho fundamental, que se encuentra consagrado en el artículo 29 de la Constitución Política de Colombia, derecho que se ejerce mediante la presentación de la demanda o de la defensa dentro del proceso judicial. Así lo ha señalado la Corte Constitucional (Sentencia C-551, 2016):

"Es de recordar que el derecho de acción se ejerce mediante la demanda. Su propósito es presentar unas pretensiones al Estado con el fin de que las resuelva mediante sentencia dictada por un funcionario de la rama jurisdiccional, por regla general. Una vez puesto en consideración de este último el contenido del acto que da inicio al proceso, aparecen la contestación y las excepciones. Estas son manifestación del derecho de contradicción que tiene quien es llevado a estrados. Las previas son aquellas dirigidas a perfeccionar el proceso, mientras que las de mérito van encaminadas a negar el derecho que se reclama. Al respecto, la Corte Suprema de Justicia ha dicho que: "si la excepción tiende a mejorar la forma o a demorar el trámite, perfeccionándolo, es dilatoria (...); y si la excepción tiende a desconocer el derecho reclamado, a enervar la acción o a obtener que se declare extinguida, es perentoria y ataca el fondo de lo planteado por el demandante"[41]*. La audiencia inicial prevista en el artículo 372 del Código, entre otros, fija el litigio, resuelve sobre excepciones previas, permite el interrogatorio de parte y tiene la potencialidad de que en ella se dicte sentencia. Aquella que se practica en el verbal sumario concentra en una sola sesión las actuaciones que se adelantan en el proceso verbal ordinario en la inicial y en la de instrucción*

y juzgamiento. Es en ese marco de tan importantes actuaciones judiciales, que implican el derecho de acción y contradicción, que se presume "iuris et de iure" la confesión hecha por quien ha recibido poder de la parte".

El objeto del derecho de acción es garantizar que el Estado provea soluciones solución a las cuestiones planteadas, sin importar el resultado de dicha decisión El derecho de acción se limita a la posibilidad de ventilar sus controversias, por lo que solo podrá ejercitarse dicho derecho siempre que se tenga la necesidad de acudir al juez para plantear una cuestión o situación problemática.

En tal virtud, el instrumento para ejercer el derecho de acción es la demanda, es el instrumento que el Estado facilita a los ciudadanos para ejercer dicho derecho, allí se le solicita al juez, una serie de pretensiones, las cuales pueden ser de diferente índole (propias, impropias, declarativas, constitutivas, liquidatarios, de condena, ejecutiva, cautelares, entre otras), elementos que serán desarrollados a continuación.

Conceptos nacionales e internacionales

Perú.

El derecho de acción en Perú se encuentra consagrado en la Constitución Política del Perú, en su artículo 139, numeral 3, en el que se indica:

"Artículo 139.- Principios de la Administración de Justicia
Son principios y derechos de la función jurisdiccional:
(...)
3. La observancia del debido proceso y la tutela jurisdiccional.
Ninguna persona puede ser desviada de la jurisdicción predeterminada por la ley, ni sometida a procedimiento distinto de los previamente establecidos, ni juzgada por órganos jurisdiccionales de excepción ni por comisiones especiales creadas al efecto, cualquiera sea su denominación".

El Tribunal Constitucional del Perú (Exp. 2293, 2003) ha definido el derecho de acción como *"...la facultad o poder jurídico del justiciable de acudir al órgano jurisdiccional en busca de tutela efectiva, independientemente de que cumpla con los requisitos formales o de que su derecho sea fundado. En ese sentido, toda persona natural o jurídica puede recurrir al órgano jurisdiccional para ejercitar su derecho de acción –plasmado físicamente en la demanda– en forma directa o mediante representante, con la finalidad de que éste dé solución a un conflicto de intereses intersubjetivos o a una incertidumbre jurídica, a través de una decisión fundada en derecho".*

Por ende, el derecho de acción es un principio fundamental del sistema jurídico peruano, que se ejerce, al igual que en Colombia, mediante la presentación de una demanda ante los tribunales competentes, en la que se detallan los hechos que motivan la demanda, fundamentos jurídicos y las pretensiones que se buscan obtener. El derecho de acción también se encuentra estrechamente relacionado con el acceso a la justicia, por lo que es considerado como un pilar fundamental del sistema jurídico peruano y una garantía estatal esencial para la defensa de los derechos del pueblo peruano.

Ecuador.

Al igual que en la mayoría de los países latinoamericanos, el derecho de acción se encuentra consagrado en la Constitución Política de la República de Ecuador, que, en el artículo 24, numeral 17, se indica:

"Art. 24.- Para asegurar el debido proceso deberán observarse las siguientes garantías básicas, sin menoscabo de otras que establezcan la Constitución, los instrumentos internacionales, las leyes o la jurisprudencia:

(...)

17. Toda persona tendrá derecho a acceder a los órganos judiciales y a obtener de ellos la tutela efectiva, imparcial y expedita de sus derechos e intereses, sin que en caso alguno quede en indefensión. El incumplimiento de las resoluciones judiciales ser á sancionado por la ley".

No obstante, a diferencia de Colombia a dicho derecho se le conoce como el derecho a la tutela judicial efectiva, el cual ha sido descrito por la Corte Nacional de Justicia, Sala de lo Contencioso Administrativo, entre otras, mediante sentencia del 4 de septiembre de 2006, Expediente 278, publicada en el Registro Oficial 127, del 16 de julio de 2007, la cual señala:

"b) El artículo 24, numeral 17 de la Constitución Política de la República ordena: "Toda persona tendrá derecho a acceder a los órganos judiciales y a obtener de ellos la tutela efectiva, imparcial y expedita de sus derechos e intereses, sin que en caso alguno quede en indefensión." La disposición citada consagra el acceso a la justicia, que se define como la concreción del derecho a la tutela judicial efectiva, por medio de un debido proceso legal. Este derecho fundamental de toda persona de acudir a los órganos jurisdiccionales y obtener de ellos una adecuada respuesta jurídica, que puede ser decisiva para determinar derechos o intereses del individuo, nace de una de las

elementales obligaciones del Estado, que es la de atender al ciudadano a través de la prestación de un servicio público."

España.

El derecho de acción en Europa también tiene relevancia constitucional, en España, dicho se derecho se encuentra consagrado en el artículo 24 de la Constitución, garantiza el derecho a la tutela judicial efectiva y a obtener la protección de los jueces y tribunales en el ejercicio de los derechos e intereses legítimos, sin que en ningún caso pueda producirse indefensión.

"Artículo 24

1. Todas las personas tienen derecho a obtener la tutela efectiva de los jueces y tribunales en el ejercicio de sus derechos e intereses legítimos, sin que, en ningún caso, pueda producirse indefensión.

2. Asimismo, todos tienen derecho al Juez ordinario predeterminado por la ley, a la defensa y a la asistencia de letrado, a ser informados de la acusación formulada contra ellos, a un proceso público sin dilaciones indebidas y con todas las garantías, a utilizar los medios de prueba pertinentes para su defensa, a no declarar contra sí mismos, a no confesarse culpables y a la presunción de inocencia.

La ley regulará los casos en que, por razón de parentesco o de secreto profesional, no se estará obligado a declarar sobre hechos presuntamente delictivos".

El derecho de acción en España permite a todas las personas acudir a los tribunales y juzgados competentes para hacer valer sus derechos y obtener la protección de estos. Este derecho incluye el acceso a los tribunales y juzgados, así como el derecho a una defensa técnica y a la asistencia jurídica gratuita a quienes carezcan de recursos económicos suficientes.

Estados Unidos.

El derecho de acción en los Estados Unidos se encuentra garantizado por la Constitución y las leyes federales y estatales. La Constitución de los Estados Unidos, en las enmiendas quinta y séptima se garantiza el derecho a un juicio justo, se indica que ninguna persona puede ser privada de su vida, libertad o propiedad sin el debido proceso legal, lo que incluye el derecho a un juicio justo y de acceder a los tribunales.

"Enmienda V

Nadie estará obligado a responder de un delito castigado con la pena capital o con otra infamante si un grán jurado no lo denuncia o acusa, a excepción de los casos que se presenten en las fuerzas de mar o tierra o en la milicia nacional cuando se encuentre en servicio efectivo en tiempo de guerra o peligro público; tampoco se pondrá a persona alguna dos veces en peligro de perder la vida o algún miembro con motivo del mismo delito; ni se le compelera a declarar contra sí misma en ningún juicio criminal; ni se le privará de la vida, la libertad o la propiedad sin el debido proceso legal; ni se ocupará la propiedad privada para uso público sin una justa indemnización.

(...)

Enmienda VII

El derecho a que se ventilen ante un jurado los juicios de derecho consuetudinario en que el valor que se discuta exceda de veinte dólares, será garantizado, y ningún hecho de que haya conocido un jurado será objeto de nuevo exámen en tribunal alguno de los Estados Unidos, como no sea con arreglo a las normas del derecho consuetudinario".

El sistema judicial estadounidense se divide en tribunales federales y estatales. Los tribunales federales son los encargados de resolver cuestiones que afectan a todo el país, mientras que los tribunales estatales resuelven cuestiones que se limitan a un estado en particular. Los tribunales de primera instancia son los encargados de resolver los litigios en primera instancia, mientras que los tribunales de apelación se encargan de revisar las decisiones tomadas por los tribunales de primera instancia.

El acceso a la justicia en los Estados Unidos es accesible para todas las personas, aunque el costo puede ser elevado en algunos casos. Sin embargo, existen medidas de asistencia legal para aquellas personas que no puedan costear los gastos legales, como la asistencia jurídica gratuita o la asistencia de un abogado voluntario.

En conclusión, el derecho de acción se considera un derecho constitucional implícito en los Estados Unidos, ya que se deriva del derecho a un juicio justo y del debido proceso legal que se encuentra protegido en la Constitución. Además, la Ley de Derechos Civiles de 1871 y otras leyes federales y estatales también protegen el derecho de acción en los Estados Unidos. Aunque no existe un artículo específico en la Constitución de los Estados Unidos que hable del derecho de acción, este derecho se encuentra protegido por la ley y se considera un derecho constitucional implícito.

La acción y La Contradicción.

El derecho de contradicción podría relacionarse con el principio de audiencia y el debido proceso (con otros más, pero estos principios cobijan la acción de contradicción, tales como el principio de publicidad, el principio de oralidad[19], de inmediación, etc.) y garantiza que las partes dentro de un proceso judicial tengan la oportunidad de ser escuchadas y de presentar sus argumentos y pruebas antes de que se tome una decisión al interior del proceso judicial. Es una medida reactiva, siempre presupone la existencia de una demanda o de un conjunto de pretensiones, alguien pide, otro responde la pretensión de quien pide.

De la misma manera, dicho derecho se ejerce de diferentes maneras, dependiendo la jurisdicción que conozca de las pretensiones elevadas (civil, laboral, penal, etc.); en este sentido, la contestación a las pretensiones puede de la demanda en derecho civil implica un ritualismo, diferente al ritualismo exigido en el derecho laboral y así con las demás. No obstante, el derecho de contradicción, no se aplica solo en el ámbito judicial, pues también se aplica en los ámbitos en los que se toman decisiones que afectan derechos e intereses de las personas (por ejemplo, en el ámbito administrativo).

En Colombia, el derecho de contradicción hace parte del derecho al debido proceso, pues hace parte también del derecho de defensa e igualdad de las partes, que, como garantías inherentes a las personas que concurren al proceso, que concurren en extremos diferentes, en defensa de sus propios intereses, se estructuran con la finalidad de garantizar la libertad de defensa que cada parte quiera implementar dentro del proceso.

Al respecto, la Corte Constitucional (Sentencia C-790, 2006) ha señalado lo siguiente:

"*Por ello, como se desprende de su propia naturaleza, los derechos de contradicción y de defensa dentro del proceso se ejercen contra los actos del otro y no contra los propios, pues éstos son libres y voluntarios y corresponden a la esfera de decisión de cada individuo. Y, en esa medida, la solicitud de pruebas corresponde a un acto dispositivo, de forma que quien lo ejerce, asume las consecuencias de su elección. Precisamente, la norma constitucional es clara al señalar que toda persona tiene derecho "a presentar pruebas y a <u>controvertir las que se alleguen en su contra</u>" (-se subraya- art. 29 C.P.-), de donde se sigue que resultaría contradictorio pretender las mismas facultades que se tienen frente a la contraparte, para la refutación y defensa de los actos procesales propios.*

Respecto del derecho de contradicción en materia probatoria la Corte señaló:

'El derecho de contradicción apunta a dos fenómenos distintos. De una parte, a la posibilidad de oponer pruebas a aquellas presentadas en su contra. Desde esta perspectiva, el derecho de contradicción aparece como un mecanismo directo de defensa, dirigido a que las razones propias sean presentadas y consideradas en el proceso. Su vulneración se presentaría cuando se impide o niega la práctica de pruebas pertinentes, conducentes y oportunas en el proceso. Por otro lado, se refiere a la facultad que tiene la persona para (i) participar efectivamente en la producción de la prueba, por ejemplo interrogando a los testigos presentados por la otra parte o por el funcionario investigador y (ii) exponer sus argumentos en torno a lo que prueban los medios de prueba.

(...)

En concepto de esta Corporación, prima facie existe el derecho a controvertir, en los términos antes indicados, el alcance probatorio de determinados medios de prueba. El proceso judicial es, ante todo, un debate entre posiciones que permite, a partir de argumentos, llegar a una postura sobre el caso sometido a consideración del funcionario judicial. Así las cosas, no resulta admisible que elementos relevantes puedan ser sustraídos de dicho debate."[8]

Igualmente, en la Sentencia C-1270 de 2000, la Corte indicó que la protección constitucional del derecho de defensa obliga al legislador a reconocer al menos las siguientes garantías en materia probatoria: i) el derecho a presentar y solicitar pruebas; ii) el derecho a controvertir las pruebas que se presenten en su contra; iii) el derecho a la publicidad de la prueba, con el fin de erradicar las pruebas ocultas y el conocimiento privado del juez; iv) el derecho a la regularidad de la prueba, es decir la observancia de las formas de obtención e incorporación de la prueba al proceso; v) el derecho a que de oficio se practiquen las pruebas que resulten necesarias para asegurar el principio de realización y efectividad de los derechos (arts. 2 y 228); y vi) el derecho a que se evalúen por el juzgador las pruebas incorporadas al proceso, de acuerdo con las reglas de la sana critica.[9][20]"

Es decir que el derecho de contradicción, en primer lugar, se ejerce en contra del acto de la contra parte, presenta dos variantes importantes, que se determinan en la posibilidad de presentar pruebas en contra de las pruebas aportadas, de contribuir en la producción de las pruebas, pero también, de contar con la posibilidad de señalar lo que prueba cada elemento (alegatos). Parra Quijano J. (2007) señala que *"cuando se trata de convencer, se está en disposición de dar cuenta; cuando se da cuenta se depone el poder y se da paso a la racionalidad y la contradicción"*. Esto sin confundir prueba con medio de prueba, pues este, se debe tener como los elementos o instrumentos, utilizados por las partes del proceso y que suministran las razones o los motivos para obtener le prueba (Devis Echandia H. 1972).

La acción y La Pretensión

Como se ha dicho en múltiples oportunidades, el derecho de acción inicia con una demanda, la cual contiene una serie de requisitos, pero la que resulta más importante, es el reclamo, la aspiración, la pretensión que se eleva, sin la cual, no existiría proceso, pues no se podría iniciar una demanda, sin pretender algo, no se acude al juez si no se quiere que dirima un conflicto o definir una situación o buscar la protección de derechos. Al respecto, Calvinho G. (2007) señala que la pretensión es tan relevante que sin ella no tendría sentido el debate en el proceso.

Por otra parte, Calvinho, G. (2007) distingue la pretensión material de la procesal; la primera comporta relevancia jurídica (que el deudor pague); la segunda se efectúa a través del proceso, con lo que no estoy de acuerdo, pues por el hecho de que la pretensión se incluya dentro de la demanda no le quita la clasificación de material o sustancial, contrario sensu, una pretensión procesal, sería aquella que se deriva con ocasión del proceso y que puede tener incidencia dentro del mismo proceso, el derecho que se reclama en la demanda sigue siendo material o sustancial, pero habrán pedimentos que esboce una u otra parte respecto de ese derecho y que tiene la relevancia procesal de afectar el proceso, por ejemplo la prescripción como excepción.

Algunos de los elementos de la pretensión son el elemento objetivo, subjetivo y causal, pero dicha posición no es pacifica, pues existen posturas que excluyen el elemento subjetivo de la pretensión.

Elemento Subjetivo.

Toda pretensión (elevada ya sea en la demanda o en la contestación) contiene un elemento subjetivo, pues tiene su génesis, en un deseo y puede estar impulsado por un sentimiento el cual podrá ser diferente en cada persona. En tal virtud, un demándate podría solicitar el pago de una serie de perjuicios, ocasionados con motivo de un accidente y otro puede pedir perjuicios diferentes a los solicitado, dependerá entonces de la necesidad que cada quien tiene de satisfacer lo que considera justo, para una persona habrá justicia en reclamar la indexación de un valor adeudado, para otro no, para un demandado las pretensiones no tendrán fundamento, para otro si lo tendrá y en tal virtud actuara de forma pasiva y se allanará a lo pretendido.

Elemento Objetivo.

El elemento objetivo de la pretensión está determinado por el *"petitum"* de quien la eleva, por ende, la petición, en principio, es solo eso, un pedimento. Según Couture, E. (1997), son objeto de decisión las peticiones, no las razones. Sin embargo, esto conduciría a afirmar que la pretensión es una petición nada más, pero, hay pretensiones que pueden estar fundadas y que su fundamento puede estar soportado por argumentos que sostiene la cuestión y que fundamentan la decisión, tal es el caso de los divorcios que están soportados en causales objetivas y en causales subjetivas, la pretensiones de reparación de daños morales, deben estar fundadas en circunstancias de tipo subjetivo, por lo que el elemento objetivo de la pretensión debe conjugarse con los elementos relevantes para que puedan llevar al juez al convencimiento y demostrar que efectivamente se configuro una u otra causa, para fallar de una u otra manera.

Elemento Casual.

La pretensión siempre debe ser concreta, por estar derivada siempre de una causa jurídica única, la cual debe estar soportada por un hecho, lo cual es indispensable para su viabilidad.

No obstante, no deben confundirse los elementos accesorios o circunstanciales, aquellos derivan de lo pretendido y su relación jurídica, mientras que estos, son ocasionales y, por ende, irrelevantes.

La Acción Frente a la Jurisdicción y El Proceso

Del proceso, podemos señalar que es la manifestación de la justicia. La Rae (s.f.), define el proceso como el "[c]onjunto de actos y trámites seguids ante un juez o un tribunal, tendentes a dilucidar la justificación en derecho de una determinada pretensión entre partes y que concluye por resolución motivada".

El proceso judicial es un conjunto de actos y diligencias que se llevan a cabo ante un tribunal de justicia con el fin de resolver un conflicto concreto entre dos o más partes. Es decir, es el conjunto de procedimientos que se realizan en un juicio o litigio para que un juez o tribunal decida sobre una controversia y que se adelanta en diferentes etapas, las cuales se pueden condensar así:

1. Demanda: la parte interesada en iniciar el proceso presenta una demanda ante el juez, donde se explica el motivo del conflicto y se solicita la solución que se pretende.
2. Contestación: la parte demandada responde a la demanda y puede presentar argumentos y pruebas para defenderse o contradecir los hechos expuestos por la otra parte.
3. Prueba: se lleva a cabo una etapa de pruebas, donde se presentan y se valoran las pruebas que se consideren relevantes para resolver el conflicto.
4. Sentencia: una vez finalizado el proceso, el tribunal emite una sentencia, que es la decisión final que resuelve el conflicto y establece las obligaciones de las partes.

Dichas etapas son generales y comunes a la mayoría de los

procesos, sin embargo, hay otras que pueden ser características de cada jurisdicción; en tal virtud, las etapas del proceso en el derecho civil se encuentran consagradas en el Código General del Proceso, del derecho penal, en el Código de Procedimiento Penal, del derecho laboral, en el Código de Procesal del Trabajo y de la Seguridad Social y así, dependiendo la jurisdicción que conozca la petición inicial.

Ahora, la jurisdicción, en términos sencillos, puede ser definida como la función del Estado de administrar justicia y resolver los conflictos que son sometidos a su consideración. Es la facultad que se ejercer a través de los jueces. Implica y contiene la competencia de los jueces para conocer y decidir asuntos, por lo que se diferencia de la competencia, en cuanto a que la jurisdicción la contiene.

La competencia de cada juez es determinada de conformidad con algunos factores, en Colombia se han determinado la existencia de cinco factores de la competencia:

1. Objetivo. Puede ser determinado según la naturaleza del pleito (por materia), en consideración a la rama del derecho a la que pertenece el pleito (civil, laboral, penal, etc.); y, habrá que determinar la cuantía de la pretensión (puede ser de mínima, menor o mayor)

2. Subjetivo. Hace referencia a la calidad de los sujetos inmersos en el proceso, un ejemplo claro puede ser la competencia para juzgar al presidente de la república, dispuesta en el artículo 199 de la Constitución Política de Colombia.

3. Territorial. Se refiere al lugar de territorio, dentro del cual el funcionario debe y puede ejercer sus funciones jurisdiccionales. En tal virtud, dicha competencia puede variar dependiendo inclusive el tipo de controversia que se presente (pertenencia, incumplimiento de un contrato, la comisión de un delito, deslinde y amojonamiento, etc.)

4. Funcional. Va ligado al principio de la doble instancia y de la competencia en razón a la jerárquica,

por ejemplo, la competencia para conocer de los recursos de casación, de revisión, etc.

5. De Conexión. Hace referencia al conocimiento que debe tener el juez de una causa, derivado de la relación jurídica, ya sea entre las partes o con similar relación jurídica sustantiva.

Tanto la competencia como sus factores implican un estudio mucho más profundo, pues comportan asuntos relevantes que ameritan mayor investigación; pero, por tratarse de un trabajo recopilatorio sobre el acceso a la administración de justicia, no las trabajaré a fondo en el presente escrito, ya que la doctrina no es pacifica en cuanto a varios de los elementos que determinan la competencia.

Regresando al tema de la jurisdicción, podemos tomar la definición de diferentes autores, con la finalidad de tratar de esbozar los elementos importantes de tan relevante elemento para el acceso a la administración de justicia. En este sentido, podemos citar a Couture, E. quien señalaba que jurisdicción "*...es la función pública, realizada por órganos competentes del Estado, con las formas requeridas por la ley, en virtud de la cual, por acto de juicio se determina el derecho de las partes, con el objeto de dirimir sus conflictos v controversias de relevancia jurídica, mediante decisiones con autoridad de cosa juzgada, eventualmente factibles de ejecución*".

Por otra parte, Devis Echandía, H. (1972) afirma que se puede definir la jurisdicción como "*...la soberanía del Estado, aplicada por conducto del órgano especial a la función de administrar justicia, principalmente para la realización o garantía del derecho objetivo y de la libertad y de la dignidad humana, y secundariamente para la composición de los litigios o para dar certeza jurídica a los derechos subjetivos, o para investigar o sancionar los delitos e ilícitos de toda clase o adoptar medidas de seguridad ante ellos, mediante la aplicación de la ley a casos concretos, de acuerdo con determinados procedimientos y mediante decisiones obligatorias*".

En este sentido, la jurisdicción frente al derecho de acción, resalta como un elemento indispensable en cuanto a que permite definir quién tiene la capacidad de absolver las cuestiones que se plantean a través de una demanda y que, en dicha medida, permite obtener una solución adecuada a las problemáticas que se exponen, esto resulta de vital importancia en cuanto al acceso a la administración de justicia, pues la determinación adecuada del juez o del tribunal, permite que un juez cercano pueda conocer efectivamente de las pretensiones expresadas.

La tutela como protección al acceso a la justicia

En Colombia, la acción de tutela se presenta fue instaurada como un derecho; en tal virtud, se encuentra estipulada en el artículo 86 de la Constitución Política de Colombia; no obstante, a través de la jurisprudencia, ha señalado que dicho mecanismo, constituye uno de los derechos fundamentales, debido a que a través de ella se logra garantizar la protección de los demás derechos fundamentales (Sentencia C-483, 2008).

La finalidad de dicho mecanismo, entonces, será la de proteger los derechos fundamentales cuando se encuentran amenazados o cuando se hubieren vulnerado en alguna medida. No obstante, la acción de tutela se caracteriza por ser un instrumento: i) subsidiario; ii) inmediato; iii) sencillo; y iv) eficaz. Según Quinche Ramírez M. F. (2013), de conformidad con un documento emanado de la Presidencia de la República de Colombia, la acción de tutela se caracteriza a demás, por realizar el acceso a la administración de justicia, ser una acción de lo que es real, presenta a un juez poderoso, invierte las reglas normales de procedimiento, es informal y transforma el derecho constitucional en un derecho común.

El requisito de subsidiariedad hace referencia a que la acción de tutela sólo procede cuando el afectado no disponga de otro medio de defensa (Sentencia T-340, 1994); el artículo 86 de la Constitución Política y el 6 del Decreto 2591 de 1991, señalan que la tutela es improcedente si existe un mecanismo de defensa judicial idóneo y eficaz para solventar la amenaza o la violación del derecho fundamental (Sentencia T-045, 2023); sin embargo, la acción de tutela podrá ser utilizada como mecanismo transitorio o como mecanismo definitivo, aquel solo procede cuando concurren dos requisitos: 1. Que, efectivamente, se amenace o viole un derecho fundamental; 2. Que la acción de tutela resulte necesaria y no exista otro medio de defensa idóneo, para la protección del derecho fundamental.

Respecto al requisito de la inmediatez, es importante señalar que la tutela puede ejercerse en todo momento; no obstante, la jurisprudencia constitucional ha precisado que el término de interposición debe ser un término prudente y razonable, a partir de la existencia del hecho amenazador o vulnerado; esto, en consideración a que se presupone que la vulneración del derecho fundamental es algo de gran importancia y relevancia para la vida de las personas.

La sencillez de la acción de tutela hace referencia a que dicho mecanismo debe ser accesible a todas las personas, sin mayores trabas, edifican un efectivo acceso a la administración de justicia. El artículo 14 del Decreto 2591 de 1991 señala que dicho mecanismo debe ser sustanciado con prelación y que los plazos son perentorios o improrrogables.

La eficacia de la tutela radica en el deber que tiene el juez, en caso de encontrar amenazado o vulnerado un derecho alegado, de impartir una orden de inmediato cumplimiento orientada a la defensa actual y cierta del derecho que se aduce. En este sentido, el artículo 23 del Decreto 2591 de 1991 señala que el fallo que concede la tutela debe estar orientado a garantizar al agraviado el pleno goce de su derecho, y volver al estado anterior a la violación, cuando fuere posible.

La acción de tutela ha tenido un desarrollo importante y extenso, no obstante, como el presente trabajo se enfoca en el acceso a la administración de justicia es importante aterrizar la acción de tutela como protección al acceso de justicia.

Tal como se ha expresado a lo largo del presente escrito, el acceso a la administración de justicia es una prerrogativa que hace referencia a la posibilidad que tienen las personas de acudir, de forma igualitaria, ante las autoridades judiciales, con el propósito de que sean resueltos sus conflictos jurídicos. La corte ha señalado que dicho derecho comporta una doble connotación jurídica, pues es una base esencial del Estado Social de Derecho y es un derecho de aplicación inmediata que forma parte del derecho al debido proceso (Sentencia C-483, 2008).

Comporta la característica de fundamental, en razón a que permite la existencia de diferentes acciones y recursos para la solución de conflictos, garantiza la posibilidad de que las personas acudan a los jueces en procura de defender sus derechos y asegura que a través de procesos idóneos los conflictos sean decididos de fondo y en términos razonables, contribuyendo así con la realización de los fines del Estado.

En tal virtud, el derecho de acceso a la administración de justicia resulta exigible a través de la acción de tutela siempre que se cumplan con las características enunciadas de dicho mecanismo, pues, en palabras de Ramiro Bejarano G.; Rojas D. F. & León Gil M. A. (2022), el acceso a la administración de justicia no cumple su fin con la simple imposición o disposición de recursos y procedimientos, pues dicho derecho hace parte del núcleo esencial del debido proceso.

La Corte Constitucional, mediante Sentencia C-483 de 2008, señaló que la acción de tutela configura o hace parte del derecho de acceso a la administración de justicia, aun con el rechazo de la misma acción de tutela, consagrado en el artículo 17 del Decreto 2591 de 1991, ya que "*...promueve finalidades constitucionalmente legítimas; no impone cargas excesivamente gravosas e insuperables para los accionantes; y (ii) que las mismas resultan idóneas y adecuadas para alcanzar los fines superiores que promueven. En consecuencia, se declarará su constitucionalidad*".

CONCLUSIONES

- la justicia se define como un principio ético que exige equidad, imparcialidad y rectitud en la aplicación de normas y leyes. Su objetivo es asegurar que todas las personas reciban lo que les corresponde, sin importar su raza, género, religión, nacionalidad o posición económica. La justicia es fundamental en las sociedades democráticas, ya que garantiza la igualdad ante la ley y el respeto a los derechos humanos, a través de una distribución adecuada de las desigualdades.

- La justicia, como principio material, define la posibilidad de satisfacer las necesidades básicas de todas las personas y corregir las desigualdades económicas y sociales. Su objetivo es garantizar una sociedad justa, equitativa y en paz.

- El tratamiento procesal del derecho de acceso a la administración de justicia, en Colombia y en el mundo, a través del tiempo, ha estado permeado por la falta de recurso y por la corrupción, que, en muchos casos, ha sido trascendental en el desarrollo de algunas culturas.

- Actualmente, el interés por garantizar un acceso a la administración de justicia efectiva ha trascendido como necesidad imperante de las naciones, al punto de que hoy en días es tomada como un derecho fundamental y un pilar del estado de derecho, para garantizar una sociedad democrática y respetuosa de los derechos fundamentales de las personas.

- La efectividad de la justicia se ve trastocada por el acceso ilimitado, pues el que más personas acudan a la justicia, implica mayor congestión judicial y la necesidad de fallos expeditos, conllevan a su mediocridad.

- La llegada de la pandemia del COVID-19 ha impulsado la adopción de nuevas formas de realizar actividades cotidianas, como el trabajo, la educación, la salud y la justicia, a través de tecnologías de la información y la comunicación (TIC). En Colombia, esta transición ha afectado la cobertura y el acceso a servicios públicos esenciales. Aunque ha habido avances en términos de acceso a internet, todavía existen municipios sin conexión de calidad, lo que pone en riesgo los derechos fundamentales de aproximadamente ocho millones de personas. El acceso a la justicia también ha experimentado cambios significativos con la implementación de la virtualidad, lo cual ha facilitado ciertos aspectos, pero plantea desafíos en términos de garantizar los derechos de las partes involucradas. En este contexto, se evidencia la necesidad de seguir trabajando para garantizar un acceso efectivo y real a las TIC, y así promover la justicia y la equidad en el acceso a los servicios públicos y a la administración de justicia.

- El acceso a la justicia se ha reconocido como un derecho humano fundamental a nivel internacional. A partir de la Declaración Universal de Derechos Humanos de 1948 y el Pacto Internacional de Derechos Civiles y Políticos, se estableció el derecho a un juicio justo y el acceso a los tribunales como garantías fundamentales.

- En Colombia, el derecho de acceso a la administración de justicia como derecho fundamental ha sido reconocido tanto en la legislación nacional como en la jurisprudencia de la Corte Constitucional. A través de su protección, se busca asegurar la efectividad de otros derechos fundamentales y la protección de los derechos humanos en general.

- El acceso a la justicia como

derecho humano fundamental implica que todas las personas tienen el derecho de ser oídas públicamente y con justicia por un tribunal independiente e imparcial. Este derecho garantiza la igualdad ante la ley, la protección contra la arbitrariedad y la opresión del poder judicial, y el derecho a un juicio justo e imparcial. Su reconocimiento y protección son esenciales para garantizar la protección efectiva de los derechos humanos y la equidad en el sistema de justicia.

- El acceso a la administración de justicia se fundamenta en una serie de principios fundamentales que garantizan su ejercicio efectivo. Estos principios incluyen la igualdad ante la ley, la tutela judicial efectiva, la gratuidad, la accesibilidad, la independencia judicial, la publicidad y la pronta justicia. Estos elementos son fundamentales para asegurar que todas las personas tengan la posibilidad de acceder a la justicia de manera equitativa, sin discriminación y con garantías procesales adecuadas. Aunque algunos de estos principios pueden tener la categoría de derechos fundamentales, todos ellos son fundamentales para consolidar el acceso a la administración de justicia como un derecho humano fundamental.

- El derecho sustancial desempeña un papel fundamental en el acceso efectivo a la justicia. Se refiere al conjunto de normas y principios que regulan los derechos y deberes de las personas, estableciendo los límites al poder estatal y garantizando la justicia y equidad. El derecho sustancial se distingue del derecho procesal, ya que este último se ocupa de los procedimientos para proteger y hacer valer los derechos sustanciales.

- La prevalencia del derecho sustancial implica que el objetivo principal de la actividad jurisdiccional es materializar los derechos consagrados en el derecho objetivo. Esto significa que el proceso legal es un medio para garantizar los derechos y no un fin en sí mismo.

- En el contexto de un Estado Social de Derecho, la prevalencia del derecho sustancial adquiere una gran relevancia, ya que establece los derechos de las personas y busca cerrar las brechas en accesibilidad, eficacia y eficiencia de la justicia. Organizaciones como la OCDE han promovido buenas prácticas para mejorar el acceso a la justicia desde la perspectiva de los ciudadanos y las empresas, centrándose en aspectos como el diseño de servicios centrados en las personas, la gobernanza, el empoderamiento de las personas y la planificación y rendición de cuentas.

- El derecho formal se refiere a las normas y reglas que rigen los procedimientos judiciales y el funcionamiento de los tribunales. Aunque es fundamental para garantizar procesos justos y hacer efectivos los derechos sustanciales, por sí solo no garantiza el acceso a la administración de justicia, ya que depende de otros factores como la capacidad económica, la educación, la geografía y otros aspectos socioeconómicos.

- El acceso efectivo a la justicia requiere no solo del cumplimiento del derecho formal, sino también de medidas que garanticen el acceso a la justicia, como la provisión de asistencia jurídica gratuita, la promoción de la educación legal, la eliminación de barreras económicas y geográficas, entre otras. Para evaluar el acceso a la administración de justicia, es necesario considerar diferentes dimensiones, como el ambiente favorable, el empoderamiento legal, la asistencia legal, el acceso a las instituciones, el procedimiento justo y la capacidad de cumplimiento.

- El derecho formal y el derecho sustancial son igualmente importantes para garantizar el acceso a la justicia. Autores como Mauro Cappelletti y John Griffith destacan la necesidad de ambos aspectos y sostienen que la falta de cualquiera de ellos puede constituir una barrera para el acceso efectivo a la justicia. El derecho formal ayuda a evitar decisiones arbitrarias y asegura la igualdad de oportunidades en el proceso judicial, mientras que el derecho sustancial establece los derechos y deberes de las personas y define los límites del poder estatal.

- El derecho de acción es la facultad que tienen las personas de acudir a los tribunales para obtener la protección de sus derechos e intereses legítimos y para defenderse de acusaciones o pretensiones injustas. Es un derecho fundamental reconocido en la Constitución Política de Colombia y se ejerce mediante la presentación de una demanda o defensa en un proceso judicial.

- El objetivo del derecho de acción es garantizar que el Estado brinde soluciones a las cuestiones planteadas, sin importar el resultado de la decisión judicial. Es un derecho que se ejerce cuando existe la necesidad de acudir al juez para plantear una situación problemática o controversia.

- La demanda es el instrumento a través del cual se ejerce el derecho de acción, y en ella se presentan pretensiones que pueden ser de diferentes tipos, como declarativas, constitutivas, liquidatorias, de condena, ejecutivas y cautelares, entre otras.

- En diferentes países, el derecho de acción permite a las personas acudir a los tribunales competentes para hacer valer sus derechos, obtener protección y resolver conflictos legales. También se garantiza el acceso a la justicia y se establecen mecanismos de asistencia legal para aquellos que no puedan costear los gastos legales. Por lo que, el derecho de acción es un pilar fundamental de los sistemas jurídicos en estos países, asegurando el acceso a la justicia y la protección de los derechos de las personas. Aunque existen diferencias en la terminología y la forma en que se consagra en cada país, el objetivo es garantizar un proceso judicial justo y efectivo para resolver controversias legales.

- El derecho de contradicción se refiere a la garantía de que todas las partes involucradas en un proceso judicial tengan la oportunidad de ser escuchadas, presentar sus argumentos y pruebas antes de que se tome una decisión. Es una medida reactiva que se aplica en el ámbito judicial y también en otros ámbitos en los que se toman decisiones que afectan los derechos e intereses de las personas. En Colombia, el derecho de contradicción forma parte del derecho al debido proceso y del derecho de defensa e igualdad de las partes. Implica la posibilidad de oponer pruebas a las presentadas en su contra, participar en la producción de pruebas y exponer argumentos en relación con las pruebas presentadas. Es una forma de garantizar la libertad de defensa de cada parte en el proceso.

- La acción y la pretensión son conceptos interrelacionados en el contexto del derecho. La acción se inicia con una demanda que contiene una pretensión, que es la aspiración o reclamo que se eleva ante el juez. La pretensión es fundamental en el proceso judicial, ya que sin ella no tendría sentido el debate. Puede haber pretensiones materiales (relacionadas con la sustancia del derecho reclamado) y pretensiones procesales (derivadas del proceso en sí). La pretensión tiene elementos subjetivos (relacionados con los deseos y sentimientos de las partes), objetivos (determinados por la petición realizada) y causales (basados en la causa jurídica y los hechos relevantes). Es importante distinguir entre elementos accesorios o circunstanciales y elementos ocasionales o irrelevantes en la pretensión.

- La acción, la jurisdicción y el proceso son elementos interrelacionados en el acceso a la administración de justicia. El proceso es el conjunto de actos y trámites seguidos ante un juez o tribunal para dilucidar una pretensión entre las partes y llegar a una resolución motivada. La jurisdicción es la función del Estado de administrar justicia y resolver conflictos sometidos a su consideración, ejercida a través de los jueces. La competencia de los jueces se determina por factores como la materia, los sujetos, el territorio, la función y la conexión. La jurisdicción es fundamental para definir quién tiene la capacidad de resolver las cuestiones planteadas en una demanda, lo cual es crucial para garantizar un acceso efectivo a la justicia.

- La acción de tutela en Colombia se presenta como un mecanismo subsidiario, inmediato, sencillo y eficaz para proteger los derechos fundamentales cuando están amenazados o vulnerados. Es un instrumento accesible que garantiza el acceso a la justicia de todas las personas. La tutela forma parte del derecho de acceso a la administración de justicia y contribuye a la realización de los fines del Estado. A través de la tutela, se pueden buscar soluciones rápidas y efectivas para asegurar el pleno goce de los derechos fundamentales.

BIBLIOGRAFÍA

Alexy, R. (1985). Teoría de los derechos fundamentales. Centro de Estudios Constitucionales.

Azula Camacho, J. (2010). Manual de derecho procesal (10a ed.). Temis.

Biblia. (2009). (Versión Reina-Valera, 1960). Sociedades Bíblicas Unidas.

Calvinho, G. (2007). Pretensión procesal, calificación legal y regla de congruencia en el sistema dispositivo.

Cappelletti, M. (1976). El acceso a la justicia y el derecho al proceso justo. Trotta.

Cappelletti, M. (1989). El acceso a la justicia: una revisión de los estudios empíricos. Fondo de Cultura Económica.

Castaño F., A. M. (2012). Vivir la justicia según Pablo. Revista de Pastoral Penitenciaria, (81), 33-40. Recuperado de https://carceraria.org.br/wp-content/uploads/2012/07/VIVIR-LA-JUSTICIA-SEGUN-PABLO.pdf

Código de las Partidas. (2018). Edición crítica por Antonio Pérez Martín. Madrid: Real Academia de la Historia."

Colmenares, G. (2005). Historia social de la violencia y la justicia en Colombia. Siglo del Hombre Editores.

Colombia.co. (s.f.). ¿Cómo es la organización político-administrativa de Colombia? Recuperado de https://www.colombia.co/pais-colombia/estructura-del-estado-colombiano/como-es-la-organizacion-politico-administrativa-de-colombia/#:~:text=Colombia%20cuenta%20con%201123%20municipios,%2C%20municipios%20y%20distritos%2C%20principalmente.

Comisión de Regulación de Comunicaciones. (2022, 13 de enero). En 2021 Colombia alcanzó 38 millones accesos a internet móvil y 84,8 millones de líneas móviles

[Comunicado de prensa]. Recuperado de https://www.crcom.gov.co/es/noticias/comunicado-prensa/en-2021-colombia-alcanzo-38-millones-accesos-internet-movil-y-84

Comisión Interamericana de Derechos Humanos. (1979-1980). Informe Anual 1979-1980. Recuperado de https://www.cidh.oas.org/annualrep/79.80sp/indice.htm

Comisión Interamericana de Derechos Humanos. (1979-1980). Informe Anual 1979-1980. Recuperado de https://www.cidh.oas.org/annualrep/79.80sp/indice.htm

Constitución de los Estados Unidos. (1787). Recuperado el 12 de abril de 2023, de https://www.archives.gov/espanol/constitucion

Constitución Española. (1978). BOE núm. 311, de 29 de diciembre de 1978. Recuperado el 12 de abril de 2023, de https://www.boe.es/eli/es/c/1978/12/27/(1)/con

Corte Constitucional de Colombia. (1994). Sentencia T-340 de 1994.

Corte Constitucional de Colombia. (1995). Sentencia C-029 de 1995.

Corte Constitucional de Colombia. (1996). Sentencia T-037 de 1996.

Corte Constitucional de Colombia. (2003). Sentencia T-620 de 2003.

Corte Constitucional de Colombia. (2006). Sentencia C-790 de 2006.

Corte Constitucional de Colombia. (2008). Sentencia C-483 de 2008.

Corte Constitucional de Colombia. (2008). Sentencia T-668 de 2008.

Corte Constitucional de Colombia. (2013). Sentencia T-107 de 2013.

Corte Constitucional de Colombia. (2016). Sentencia C-551 de 2016. Recuperado el 11 de abril de 2023, de https://www.corteconstitucional.gov.co/relatoria/2016/C-551-16.htm

Corte Constitucional de Colombia. (2016). Sentencia T-036 de 2016.

Corte Constitucional de Colombia. (2023). Sentencia T-045 de 2023.

Corte Constitucional de Colombia. (s.f.). Estadísticas. Recuperado de https://www.corteconstitucional.gov.co/lacorte/estadisticas.php

Corte Constitucional de Colombia. Sentencia C-029/95. (1995). Recuperado de https://www.corteconstitucional.gov.co/relatoria/1995/C-029-95.htm#:~:text=%22Derecho%20material%20o%20sustancial%20es,la%20actividad%20o%20funci%C3%B3n%20jurisdiccional%22

Corte Constitucional de Colombia. Sentencia C-742/13. (2013). Recuperado de https://www.corteconstitucional.gov.co/relatoria/2013/C-742-13.htm

Corte Constitucional de Colombia. Sentencia C-818. (2011). Recuperado de http://www.corteconstitucional.gov.co/relatoria/2011/c-818-11.htm

Corte Constitucional de Colombia. Sentencia SU-111/97. (1993). Recuperado de https://www.corteconstitucional.gov.co/relatoria/1997/SU111-97.htm

Corte Constitucional de Colombia. Sentencia T-122/93. (1993). Recuperado de https://www.corteconstitucional.gov.co/relatoria/1993/T-122-93.htm

Corte Constitucional de Colombia. Sentencia T-760. (2008). Recuperado de http://www.corteconstitucional.gov.co/relatoria/2008/t-760-08.htm

Couture, E. J. (2010). Fundamentos del derecho procesal civil. Editorial: B DE F. Buenos Aires, Argentina.

Departamento Administrativo Nacional de Estadística

- DANE. (2021). Boletín educación en cifras 2021. Recuperado de https://www.dane.gov.co/files/investigaciones/educacion/educacion_formal/2021/bol_EDUC_21.pdf

Departamento Administrativo Nacional de Estadística - DANE. (s.f.). ¿Cuántos somos? Censo Nacional de Población y Vivienda 2018. Recuperado de https://www.dane.gov.co/index.php/estadisticas-por-tema/demografia-y-poblacion/censo-nacional-de-poblacion-y-vivenda-2018/cuantos-somos

Devis Echandia, H. (1972) Compendio de Derecho Procesal. Teoría General del Proceso. Tomo I. Ed. ABC.

Devis Echandia, H. (1984) Compendio de la Prueba Judicial anotado y concordado por Adolfo Alvarado Velloso. Ed. Rubinzal y Culzoni.

Diccionario de dudas. (s.f.). Etimología de justicia. Recuperado de https://www.diccionariodedudas.com/etimologia-de-justicia/

Dworkin, R. (1986). El imperio de la justicia. Gedisa.

Dworkin, R. (2011). Justicia para erizos. Gedisa.

Echandía, D. (1970). Teoría general de la prueba judicial. Temis.

Eduardo J. Couture (1977). Fundamentos del derecho procesal civil. Reimpresión inalterada, Buenos Aires, Editorial Depalma

Encina, F. A. (1985). Historia de la civilización en América. Editorial Nascimento.

Fals Borda, O. (1978) Historia de la Costa: La población negra de la región Caribe colombiana. Siglo XXI Editores.

Ferrajoli, L. (1995). Derecho y Razón: Teoría del garantismo penal. Madrid: Trotta.

Foucault, M. (1975). Vigilar y castigar: nacimiento de la prisión. México D.F., México: Siglo XXI Editores.

Fuller, L. L. (1978). El proceso de la ley (2ª ed.). Abeledo-Perrot.

García Maya Máynez, E. (1940). Introducción al estudio

del derecho. Editorial Porrúa.

García Villegas, M. (2006). Justicia y equidad: en busca del equilibrio perdido. Universidad Externado de Colombia.

Gaviria, C. (2008). Democracia y justicia social.

Giddens, A. (1990). Las consecuencias de la modernidad. Alianza Editorial.

Griffith, J. (1957). Justice and the common law. Stevens & Sons.

Hernán Fabio L. B. (2009) Instituciones de Derecho Procesal Civil Colombiano. Tomo I. Parte General. Temis.

Jairo Parra, Q. (2007). Manual de Derecho Probatorio (16ª ed.). Librería Ediciones del Profesional.

Kant, I. (2008). La paz perpetua. Madrid, España: Alianza Editorial.

Kelsen, H. (1953). ¿Qué es la Justicia? México, D.F: Universidad Nacional Autónoma de México.

Ministerio de Justicia y del Derecho. (2019). Índice de Acceso Efectivo a la Justicia. Recuperado de https://www.minjusticia.gov.co/transparencia/Paginas/SEJ-Acceso-a-la-Justicia-indice-acceso-efectivo-a-la-justicia.aspx

Nietzsche, F. (1886/2017). Más allá del bien y del mal. Madrid, España: Alianza Editorial.

Nussbaum, M. (2016). La justicia poética: La imaginación literaria y la vida pública. Fondo de Cultura Económica.

OCDE (2021), *Marco de la OCDE y Principios de buenas prácticas para la justicia centrada en las personas*, OECD Publishing, París, https://doi.org/10.1787/cdc3bde7-en.

Quinche Ramírez, M. F. (2013) El Control de Constitucionalidad. Universidad del Rosario.

Ramiro Bejarano G.; Moreno Cruz P. & Rodríguez Mejía M. (2017) Aspectos Procesales de la Acción de Tutela. Universidad Externado.

Ramiro Bejarano G.; Rojas D. F. & León Gil M. A. (2022) Lecciones Constitucionales del Código General del Proceso Tomo I. Universidad Externado.

Rawls, J. (1971). Teoría de la justicia. Fondo de Cultura Económica.

Rawls, J. (2001). Justicia como equidad: Una reformulación. Fondo de Cultura Económica.

Real Academia Española. (s.f.). Proceso. Diccionario de la lengua española. Recuperado el 12 de abril de 2023, de https://dle.rae.es/proceso

Rodríguez Garavito, C. (2004). El acceso a la justicia como derecho humano. Siglo del hombre Editores - Universidad de los Andes.

Semana. (2014, 14 de octubre). Inversión del Mintic en programa de conectividad rural. Semana. https://www.semana.com/pais/articulo/inversion-del-mintic-en-programa-de-conectividad-rural/281192/

Sen, A. (1993). Igualdad de oportunidades y justicia social. Alianza Editorial.

Tribunal Constitucional del Perú. Sala Primera del Tribunal Constitucional. (2004). Exp. 2293-2003-AA/TC. Recuperado el 12 de abril de 2023, de https://tc.gob.pe/jurisprudencia/2004/02293-2003-AA.html#:~:text=Se%20conoce%20como%20derecho%20de,que%20su%20derecho%20sea%20fundado.

Van Parijs, P. (2017). Basic Income: A Radical Proposal for a Free Society and a Sane Economy. Harvard University Press.

Vilora de la Hoz, J. (2018) El sistema de justicia en Colombia: pasado, presente y futuro. Ediciones USTA.

---

[1] *"21 Pero ahora, aparte de la ley, se ha manifestado la justicia de Dios, testificada por la ley y por los profetas; 22 la justicia de Dios por medio de la fe en Jesucristo, para todos los que creen en él. Porque no hay diferencia, 23 por cuanto todos pecaron, y están destituidos de la gloria de Dios, 24 siendo justificados gratuitamente por su gracia, mediante la redención que es en Cristo Jesús, 25 a quien Dios puso como propiciación por medio de la fe en su sangre, para manifestar su justicia, a causa de haber pasado por alto, en su paciencia, los pecados pasados, 26 con la mira de manifestar en este tiempo su justicia, a fin de que él sea el justo, y el que justifica al que es de la fe de Jesús".*

[2] En Vayikrá 19:13 se indica: *"¹³ No oprimirás a tu prójimo, ni le robarás. No retendrás el salario del jornalero en tu casa hasta la mañana".*

[3] En Shemot 21:28 – 13 se señala: *"²⁸ Si un buey acorneare a hombre o a mujer, y a causa de ello muriere, el buey será apedreado, y no será comida su carne; mas el dueño del buey será absuelto. ²⁹ Pero si el buey fuere acorneador desde tiempo atrás, y a su dueño se le hubiere notificado, y no lo hubiere guardado, y matare a hombre o mujer, el buey será apedreado, y también morirá su dueño. ³⁰ Si le fuere impuesto precio de rescate, entonces dará por el rescate de su persona cuanto le fuere impuesto. ³¹ Haya acorneado a hijo, o haya acorneado a hija, conforme a este juicio se hará con él. ³² Si el buey acorneare a un siervo o a una sierva, pagará su dueño treinta siclos de plata, y el buey será apedreado.*

³³ Y si alguno abriere un pozo, o cavare cisterna, y no la cubriere, y cayere allí buey o asno, ³⁴ el dueño de la cisterna pagará el daño, resarciendo a su dueño, y lo que fue muerto será suyo.

³⁵ Y si el buey de alguno hiriere al buey de su prójimo de modo que muriere, entonces venderán el buey vivo y partirán el dinero de él, y también partirán el buey muerto. ³⁶ Mas si era notorio que el buey era acorneador desde tiempo atrás, y su dueño no lo hubiere guardado, pagará buey por buey, y el buey muerto será suyo".

[4] En Vayikrá 19:9 – 10 se señala: *"⁹ Cuando siegues la mies de tu tierra, no segarás hasta el último rincón de ella, ni espigarás tu tierra segada. ¹⁰ Y no rebuscarás tu viña, ni recogerás el fruto caído de tu viña; para el pobre y para el extranjero lo dejarás. Yo Jehová vuestro Dios".*

[5] Constitución Política de la Monarquía española (1812). Constitución de Cádiz, promulgada el 19 de marzo de 1812. Artículo 1, "La Nación española es la reunión de todos los españoles de ambos hemisferios"; Artículo 4: "Todos los españoles son iguales ante la ley. Sólo pueden ser distinguidos por sus virtudes y talentos"; Artículo 12: "Los españoles no podrán ser juzgados sino por las leyes o por los Tribunales establecidos por la ley"; Artículo 13: "No habrá jurisdicciones especiales, ni privilegios de personas ni de lugares"; Artículo 14: "La propiedad es inviolable y sagrada"; Artículo 15: "No se podrá confiscar la propiedad de nadie, ni aun en caso de delito".

[6] 1953. Durante el Gobierno del presidente Gustavo Rojas Pinilla.

[7] José Gregorio Hernández (1932-2007) fue un destacado jurista y magistrado que se desempeñó como presidente de la Corte Constitucional entre 1993 y 1996. Durante su carrera, Hernández fue reconocido por su labor en la defensa de los derechos humanos, el fortalecimiento del Estado de derecho y la promoción de la justicia social. Se destacó por su compromiso con la construcción de un sistema de justicia accesible y efectivo para todos los ciudadanos, especialmente para los sectores más vulnerables de la sociedad. Hernández es considerado como uno de los más importantes líderes jurídicos en la historia de Colombia, y su legado ha sido fundamental para el desarrollo y consolidación del derecho constitucional en el país.

[8] Hernández Galindo, J. G. (2002). El acceso a la justicia es uno de los pilares del

estado de derecho, es un derecho fundamental de la ciudadanía y una condición indispensable para el desarrollo de la democracia y la garantía de los derechos humanos. Discurso pronunciado en la Universidad Sergio Arboleda de Bogotá.

[9] *"Por el cual se adoptan medidas para implementar las tecnologías de la información y las comunicaciones en las actuaciones judiciales, agilizar los procesos judiciales y flexibilizar la atención a los usuarios del servicio de justicia, en el marco del Estado de Emergencia Económica, Social y Ecológica".*

[10] *"Por el cual se toma una medida temporal en las sedes judiciales".*

[11] *"Por el cual se adiciona el Decreto 1073 de 2015 Único Reglamentario del Sector Administrativo de Minas y Energía, en lo relacionado con las transferencias del sector eléctrico con destino a los municipios y distritos beneficiarios"*

[12] *"Por medio de la cual se establece la vigencia permanente del Decreto Legislativo 806 de 2020 y se adoptan medidas para implementar las tecnologías de la información y las comunicaciones en las actuaciones judiciales, agilizar los procesos judiciales y flexibilizar la atención a los usuarios del servicio de justicia y se dictan otras disposiciones".*

[13] Principal órgano deliberativo de las Naciones Unidas (ONU).

[14] Dicho comité estaba presidido por la ex primera dama de los Estados Unidos, Eleanor Rooselvet; algunos de los miembros que conformaron dicho comité son: René Cassin de Francia; John Humphrey de Canadá; Charles Malik del Líbano; Peng Chun Chang de China y Hernán Santa Cruz de Chile.

[15] *"**ARTICULO 229**. Se garantiza el derecho de toda persona para acceder a la administración de justicia. La ley indicará en qué casos podrá hacerlo sin la representación de abogado".*

[16] Véanse por ejemplo los siguientes:
- César Landa: En su obra "Derecho Procesal Constitucional" sostiene que el acceso a la justicia es un derecho fundamental que se relaciona con otros derechos fundamentales como la igualdad, el debido proceso y la tutela judicial efectiva.
- Luis López Guerra: En su obra "Derecho Procesal Constitucional" afirma que el acceso a la justicia es un derecho fundamental que se relaciona con otros derechos fundamentales como la libertad, la propiedad y la igualdad.
- Luigi Ferrajoli: En su obra "Derecho y Razón" sostiene que el acceso a la justicia es un derecho fundamental que se relaciona con otros derechos fundamentales como la igualdad ante la ley, la tutela judicial efectiva y el debido proceso.
- Manuel Atienza: En su obra "Las razones del derecho" afirma que el acceso a la justicia es un derecho fundamental que se relaciona con otros derechos fundamentales como la igualdad, la tutela judicial efectiva y el debido proceso.

[17] Algunas sentencias destacables son las siguientes:
1. Sentencia T-036 de 2016: La Corte Constitucional afirmó que el derecho de acceso a la justicia está estrechamente relacionado con los derechos fundamentales a la vida, la integridad personal, la

libertad, la igualdad, la propiedad y la dignidad humana.
2. Sentencia C-037 de 1996: La Corte Constitucional señaló que el derecho de acceso a la administración de justicia está relacionado con los derechos fundamentales a la igualdad, a la defensa y a la protección judicial efectiva.
3. Sentencia T-107 de 2013: La Corte Constitucional estableció que el derecho de acceso a la justicia se encuentra relacionado con los derechos fundamentales a la igualdad, a la dignidad humana, al debido proceso, a la defensa, al acceso a la información y a la tutela judicial efectiva.
4. Sentencia T-668 de 2008: La Corte Constitucional afirmó que el derecho de acceso a la justicia es un derecho fundamental que se encuentra estrechamente relacionado con el derecho al debido proceso y con el derecho a la protección judicial efectiva.
5. Sentencia T-620 de 2003: La Corte Constitucional señaló que el derecho de acceso a la justicia está relacionado con el derecho a la igualdad, con el derecho al debido proceso y con el derecho a la tutela judicial efectiva.

[18] Tomando como fundamento los elementos esenciales del acceso a la justicia identificados por The Rules of Law initiative – American Bar Association, en su informe *"Access To Justice Assessment Tool: A guide to analyzing Access to justice for civil society organizations"*.

[19] En general, la doctrina ha tenido a la oralidad como una regla técnica de procedimiento, entre otros, véase a López Blanco (2009).

[20] *[9]* *M.P. Antonio Barrera Carbonell".*

www.ingramcontent.com/pod-product-compliance
Lightning Source LLC
Chambersburg PA
CBHW070350230526
45471CB00006B/2494